Susanne Ahlers-Wübbeler
Die Erfüllungswelle

AF282184

Susanne Ahlers-Wübbeler

Die Erfüllungswelle

Freiheit beginnt in dir

Sei wahr. Sei du.

Bibliografische Information der Deutschen Nationalbibliothek:
Die Deutsche Nationalbibliothek verzeichnet diese Publikation in der Deutschen Nationalbibliografie; detaillierte bibliografische Daten sind im Internet über
http://dnb.dnb.de abrufbar.

Lektorat: Autorin selbst
Korrektorat: Autorin selbst
Weitere Mitwirkende: Autorin selbst

Verlag:
BoD · Books on Demand GmbH
In de Tarpen 42
22848 Norderstedt
bod@bod.de

Druck:
Libri Plureos GmbH
Friedensallee 273
22763 Hamburg

ISBN: 978-3-7693-9004-9

Vorwort

Es gibt Menschen, die mit ihrer Energie Räume füllen, die mit Klarheit, Durchsetzungskraft und Herz gleichzeitig wirken. Susanne ist genau so ein Mensch.

Als ich sie kennenlernte, beeindruckte mich ihre Mischung aus zielgerichtetem Pragmatismus und innerer Tiefe. Nach außen hin ist sie eine Macherin – als Expertin für Arbeitsschutz und Sicherheit agiert sie mit Entschlossenheit und Klarheit.

Hinter dieser Stärke steckt eine Frau, die sich selbst immer wieder hinterfragt, für die Harmonie wichtig ist, die aber gleichzeitig mutig genug ist, sich den tiefsten Fragen des Lebens zu stellen.

Im Buch begleiten wir Lulu, ein Mädchen, das sich Schritt für Schritt von den Fesseln der Vergangenheit befreit. Sie stellt sich den Herausforderungen, die das Leben ihr gestellt hat, und beginnt, ihren Platz in der Welt zu verstehen.

Es ist eine beeindruckende Reise zur Selbstfindung – und zu Fragen, die weit über ihre eigene Geschichte hinausgehen. Wie sehe ich mich selbst? Was macht mich wertvoll? Welche Schritte führen mich wirklich zu mir selbst?

Klarheit zu finden ist nicht immer einfach. Es erfordert Mut, Ehrlichkeit und die Bereitschaft, den eigenen Weg konsequent zu Ende zu gehen. Wer diesen Weg wagt, wird spüren: Klarheit gewinnt immer – weil sie befreiend und lohnenswert ist.

Susanne weiß, wovon sie spricht. Ihre Geschichte, ihre Gedanken und ihre Erkenntnisse durchziehen dieses Buch – in jedem Gefühl spürbar. Ihre eigene Reise hat sie dorthin geführt, wo sie heute steht, und genau das macht dieses Werk so besonders: Es ist nicht nur eine Geschichte, sondern auch eine Einladung an dich, dich selbst in ihr wiederzufinden.

Vielleicht wird auch dieses Buch etwas in dir bewegen. Vielleicht wirst du darin nicht nur eine Geschichte lesen – sondern eine Reflexion deiner eigenen Erfahrungen entdecken.

Lass dich auf diese Reise ein. Es lohnt sich.

Herzliche Grüße,

J. Stephan Schroeder

The Context Creator

Inhaltsverzeichnis

Einleitung

Die Reise beginnt in dir

Manchmal fühlt sich das Leben an, als würden wir uns durch dichten Nebel bewegen, auf der Suche nach etwas, das wir nicht greifen können.

Es gibt Momente, in denen wir uns verloren fühlen – getrennt von uns selbst, von unseren Träumen und von dem Leben, das wir eigentlich leben wollten. Doch genau in diesen Momenten, in denen wir am meisten zweifeln, liegt die Einladung zu einer Reise, die alles verändern kann.

Dieses Buch ist mehr als eine Geschichte – es ist eine Einladung. Eine Einladung, innezuhalten, deine eigene Geschichte zu reflektieren, alte Ketten zu erkennen und die Freiheit zu entdecken, die in dir liegt.

Lulu, die Heldin dieser Erzählung, hat eine Reise durch die dunkelsten Ecken ihrer Kindheit gemacht, durch Momente des Verlusts, der Enttäuschung und der Sehnsucht.

Doch sie hat auch gelernt, wie man sich von diesen Schatten befreit, wie man die inneren Wunden heilt und wie man den Mut findet, das Leben in die eigenen Hände zu nehmen.

Vielleicht wirst du dich in Lulus Geschichte wiederfinden. Vielleicht erkennst du in ihren Herausforderungen deine eigenen. Und vielleicht entdeckst du in ihrem Weg die Inspiration, deinen eigenen Pfad zu finden – einen, der dich zurück zu dir selbst führt.

Dieses Buch ist mehr als Worte auf Papier. Es ist ein Wegbegleiter, ein Notizbuch für deine Seele. Während du durch die Kapitel liest, wirst du nicht nur Lulus Geschichte verfolgen, sondern auch eingeladen, über deine eigene nachzudenken.

Es gibt dir Raum, dich selbst zu erkennen, Muster zu durchbrechen und Schritte in Richtung Heilung und Freiheit zu machen.

Die Zahl 13, die so oft als Unglückszahl gesehen wird, ist hier ein Symbol für Veränderung.

Sie steht für die 13 Kapitel von Lulus Reise – für die Schritte, die sie gemacht hat, um ihre Vergangenheit zu heilen.

Doch nach diesen 13 Schritten beginnt ein neues Kapitel, eines, das nur dir gehört: deine eigene Reise.

Möge dieses Buch dir Mut machen, die tiefsten Ecken deiner Seele zu erforschen, deine eigenen Wunden zu heilen und die Freiheit zu finden, die schon immer in dir liegt.

Möge es dir zeigen, dass jede Reise – egal wie schwer sie beginnt – ein Ende finden kann, das voller Licht und Hoffnung ist.

Die Reise beginnt jetzt.

Und sie beginnt in dir.

Kapitel 1: Der Abschied

Es war ein Morgen, wie Lulu ihn nie zuvor erlebt hatte. Die Luft im Haus war still, schwer, als ob niemand sich traute zu atmen. Lulu, gerade drei Jahre alt, wusste nicht, was geschah, aber sie spürte es: Etwas stimmte nicht. Die ganze Atmosphäre war anders. Ihre Mutter war hektisch, aber irgendwie auch fremd in ihren Bewegungen. Ihre Stimme zitterte, als sie sprach, und ihre Hände zitterten, als sie die Koffer für alle drei Kinder packte.

Lulu stand im Wohnzimmer in der Ecke, ihre kleine Puppe fest an sich gedrückt, und beobachtete, wie ihre Mutter die Koffer auf dem Tisch packte – für alle drei. Zuerst packte die Mutter den Koffer ihres Bruders, dann den ihrer Schwester. Währenddessen kroch eine seltsame Kälte in den Raum, die Lulu frösteln ließ. Ihre Geschwister, älter als sie, sagten nichts. Sie saßen stumm da, die Blicke leer, als ob sie wussten, was geschehen würde, aber sie schweigen mussten. Die letzten Wochen waren von einer unheimlichen Spannung geprägt gewesen, als ob das Haus in sich zusammenbrach. Niemand sprach wirklich, aber jeder wusste, dass es nicht mehr so war wie früher. Lulu hatte das nicht ganz verstanden, aber sie konnte fühlen, dass alles zu zerfallen begann.

„Warum packst du meinen Koffer, Mama?" fragte Lulu mit einer Stimme, die leise, aber neugierig war. Ihre Mutter drehte sich nicht um, ihre Hände zitterten weiterhin, als sie den kleinen Koffer weiter füllte. „Nur für eine kleine Reise, Lulu," sagte sie schließlich, aber ihre Stimme klang hohl, als ob sie die Worte selbst nicht glaubte. Lulu war ein kluges Kind, und auch wenn sie die Bedeutung der Worte ihrer Mutter nicht verstand, spürte sie, dass „kleine Reise" nicht stimmte. Etwas an dieser Antwort war nicht richtig, und es schnürte ihr den Hals zu.

Die Minuten zogen sich, während Lulu stumm zusah. Sie wollte fragen, wohin sie ging, wann sie wieder nach Hause käme, ob ihre Geschwister mitkämen – aber die Worte blieben in ihrem Hals stecken. Sie hatte Angst, dass die Antworten ihr nicht gefallen würden. Als ihre Mutter schließlich den kleinen Koffer in die Hand nahm und Lulus Puppe behutsam darauflegte, fühlte Lulu eine kalte Leere in ihrem Bauch, eine Leere, die sie nicht benennen konnte.

Plötzlich durchbrach das schrille Klingeln der Tür die angespannte Stille. Lulu zuckte zusammen. Sie war es gewohnt, dass immer wieder Leute das Haus betraten und verließen, doch dieses Mal war etwas anders. Ihre Mutter öffnete die Tür, und da stand ihr Onkel – ein Mann, den Lulu immer als freundlich und liebevoll erlebt hatte. Doch heute war etwas in seinem Blick, dass sie nicht kannte. Etwas, das ihr Herz schwer machte. Seine Züge waren angespannt, seine Augen vermieden ihren Blick.

„Komm, Lulu", sagte er, und seine Stimme klang merkwürdig fest, fast wie ein Befehl. Lulu stand reglos da, ihre kleinen Füße klebten förmlich am Boden. Sie spürte den prüfenden Blick ihrer Mutter, die sie zur Tür drängte. „Es ist nur für eine Weile", sagte ihre Mutter, aber die Worte klangen leer, wie von weit entfernt. Lulu wollte sich wehren, wollte fragen, was mit ihr, was mit den anderen Kindern geschehen würde. Doch ihr Onkel griff nach ihrer Hand, und sie fühlte sich, als wäre sie in einen Traum versunken. Ihre Hand war kalt, ihre Finger schlaff. Sie konnte sich nicht wehren, sie wollte sich nicht wehren. Sie stolperte über die Schwelle hinaus, als ihr Onkel sie weiterzog.

Hinter ihr schloss sich die Tür, ein dumpfes Geräusch, das sich wie ein endgültiges Urteil anfühlte. Kein Abschied, kein Kuss, keine Umarmung – nur die Stille. Ihre Mutter blieb schweigend im Inneren des Hauses, blickte zu ihnen hinaus, ohne ein Wort zu sagen. Lulu spürte einen Verlust, den sie nicht benennen konnte, etwas, das ihr nie wieder gegeben werden würde. Der Schmerz war wie ein schwerer Stein in ihrem kleinen Körper, und sie wusste nicht, wohin dieser Weg führen würde.

Der Weg zu ihrem neuen Zuhause, der sich in den Augen der Erwachsenen wie eine Notwendigkeit anfühlte, war für Lulu eine Reise ins Ungewisse. Ihr Onkel sprach kaum ein Wort. Sein Schweigen machte sie unsicher, und Lulu spürte, wie sich ein Kloß in ihrer Kehle bildete.

Als das Auto vor dem Haus der Tante zum Stehen kam, zog sich Lulus Magen schmerzhaft zusammen. Sie starrte aus dem Fenster und fühlte, wie ihre Brust sich eng schnürte. Alles an diesem Moment fühlte sich falsch an. Ihre kleinen Hände klammerten sich an ihre Puppe, die ihr seit Wochen das einzige Gefühl von Trost gab. Sie wollte nicht aussteigen. Sie wollte zurück nach Hause – zurück zu ihrer Mutter.

Die Autotür wurde geöffnet, und eine kühle Brise strich über ihr Gesicht. Lulu blieb sitzen, ihre Beine fühlten sich schwer und unbeweglich an. Der Onkel hob den kleinen Koffer aus dem Kofferraum, während die Tante bereits auf sie zuging. Ihre Augen waren streng, ihre Haltung fordernd. „Komm schon, Lulu," sagte sie mit einer Stimme, die keinen Widerspruch duldete. Lulu wollte nicht, konnte nicht. Sie blieb wie angewurzelt sitzen, die Angst lähmte sie.

Der Onkel trat an ihre Seite, beugte sich leicht hinunter und legte eine Hand auf ihre Schulter. „Es wird alles gut," murmelte er, aber seine Stimme klang so, als wolle er sich selbst davon überzeugen. Lulu schaute ihn an, suchte in seinen Augen nach einem Funken Trost, doch alles, was sie fand, war eine müde Ernsthaftigkeit. Langsam rutschte sie auf den Sitzrand zu, schwang ihre Beine über die Kante und stand schließlich auf.

Als sie vor dem Haus stand, wirkte es riesig, obwohl es gar nicht so groß war. Es war alt und grau, und die Fenster schienen wie leere Augen in den Himmel zu starren. Lulu fröstelte, obwohl es gar nicht kalt war. Die Tante öffnete die Haustür und ging voraus. Der Onkel folgte mit dem Koffer. Lulu blieb für einen Moment allein vor der offenen Tür stehen, unfähig, sich zu bewegen. Sie wollte umdrehen, zurücklaufen, einfach verschwinden. Aber wohin?

Langsam folgte sie den beiden ins Haus. Der Geruch von Seife, altem Holz und etwas Muffigem stieg ihr in die Nase. Es war still. Unnatürlich still. Jedes ihrer Schritte auf dem hölzernen Boden hallte durch den Flur, als wollte das Haus sie warnen, dass es keine Zuflucht bieten würde.

„Das ist dein Zimmer," sagte Tante Elfriede plötzlich und öffnete eine Tür am Ende des Flurs. Lulu trat zögernd ein und blickte sich um. Der Raum war klein und karg. Ein schmales Bett mit einer kratzigen Decke, ein Schrank, der aussah, als wäre er schon hundert Jahre alt, und ein schlichter Tisch mit einem Stuhl. Keine Farben, keine Wärme, nichts, was ein Zuhause aus-machte.

„Danke," murmelte Lulu leise, ohne zu wissen, warum. Die Tante nickte, drehte sich um und verschwand aus dem Zimmer. Der Onkel blieb kurz in der Tür stehen. Sein Blick war schwer zu deuten, vielleicht war es Sorge, vielleicht etwas anderes. Doch auch er sagte nichts. Schließlich schloss er die Tür hinter sich und ließ Lulu allein.

Lulu stand mitten im Raum, ihre Puppe fest an sich gedrückt. Ihre Augen wanderten umher, suchten nach einem Hinweis, etwas Vertrautem, doch da war nichts. Sie ging zum Bett, setzte sich auf die harte Matratze und ließ ihre

Puppe in ihren Schoß sinken. Die Tränen kamen plötzlich, unaufhaltsam. Sie rollten über ihre Wangen, während Lulu leise schluchzte. Die Einsamkeit kroch in jede Faser ihres Körpers, und sie fühlte sich kleiner und verlorener als je zuvor.

„Mama," flüsterte sie in die Stille, ihre Stimme kaum hörbar. Doch niemand kam. Niemand hörte sie.

Als die Nacht hereinbrach, kroch Lulu in das kalte Bett. Die Decke war schwer und rau, doch sie zog sie bis an ihr Kinn. Sie drehte sich zur Wand, die Augen fest geschlossen, als ob sie sich vor der Dunkelheit schützen könnte. In ihr drinnen fühlte es sich an, als wäre ein kleines Licht erloschen. Die Wärme, die sie sonst in ihrer Mutter gespürt hatte, war verschwunden.

Doch tief in ihr war ein kleiner Funke, der sich weigerte zu sterben.

Vielleicht kommt Mama morgen zurück, dachte Lulu und klammerte sich an diesen Gedanken, bis der Schlaf sie schließlich übermannte.

Ein neuer Anfang

Lulu spürte einen Verlust, den sie nicht benennen konnte, etwas, das ihr nie wieder gegeben werden würde. Der Schmerz war wie ein schwerer Stein in ihrem kleinen Körper. Vielleicht hast du das auch schon einmal erlebt – einen Moment, in dem du loslassen musstest, ohne es zu wollen.

Körperliche Integration der Heilung

Oft speichert unser Körper emotionale Erlebnisse ab. Eine einfache Atemtechnik kann helfen, Loslassen und Heilung auf körperlicher Ebene zu unterstützen:

- Setze dich bequem hin, schließe die Augen und lege eine Hand auf dein Herz.

- Atme tief durch die Nase ein und lasse den Atem langsam durch den Mund ausströmen.

- Mit jeder Ausatmung stelle dir vor, wie du einen Teil deiner alten Last abgibst.

- Wiederhole dies für einige Minuten und spüre, wie sich dein Körper entspannt.

Praxisübung: Der erste Schritt zur Heilung

Setze dich an einen ruhigen Ort und erinnere dich an eine Situation, in der du das Gefühl hattest, loslassen zu müssen, ohne es wirklich zu wollen.

Welche Gefühle tauchen auf, wenn du an diesen Moment zurückdenkst?

Schreibe sie ungefiltert auf.

Danach frage dich:

Was hätte ich damals gebraucht?

Diese Erkenntnis kann der erste Schritt sein, um dir heute genau das zu geben, was du damals vermisst hast.

Seite für Notizen:

Platz für deine Gedanken, Erkenntnisse und Pläne

Kapitel 2: Das vertraute Fremde

Der erste Morgen bei Tante Elfriede war anders als alles, was Lulu je gekannt hatte. Kein vertrautes Lachen ihrer Geschwister, keine warme Stimme ihrer Mutter, die sie weckte. Stattdessen wurde sie von der kühlen, nüchternen Stimme ihrer Tante aus dem Schlaf gerissen. „Aufstehen! Frühstück gibt's nicht ewig," rief sie durch die geschlossene Tür.

Lulu blinzelte in das kalte, graue Licht, das durch das kleine Fenster ihres Zimmers fiel. Sie spürte, wie ihr Herz schneller schlug. Das Bett war hart, und die Decke fühlte sich rau an ihrer Haut an. Sie schob die Decke zur Seite, setzte sich auf und schaute sich um. Das Zimmer war leer, abgesehen von der Puppe, die sie am Vorabend auf den Tisch gesetzt hatte. Sie fühlte sich fremd – fremd in diesem Raum, fremd in diesem Haus und vor allem fremd in ihrem eigenen Leben.

In der Küche roch es nach altem Kaffee und kaltem Brot. Tante Elfriede saß am Tisch, eine Zeitung vor sich, die sie kaum beachtete. Neben ihr stand eine dampfende Tasse Kaffee und ein Teller mit einer Scheibe Brot war bereitgestellt. „Setz dich," sagte sie, ohne Lulu anzusehen. Lulu kletterte auf den Stuhl und schob sich so weit zurück, dass ihre Füße nicht den Boden berührten. Ihre kleinen Hände ruhten auf ihrem Schoß, während sie auf den Teller vor sich starrte. Ein Stück trockenes Brot ohne Butter oder Marmelade. Lulu wagte nicht, etwas zu sagen. Sie nahm einen kleinen Bissen, kaute langsam und schluckte mühsam.

„Du bist ein stilles Ding, nicht wahr?" sagte Tante Elfriede plötzlich. Lulu hob den Kopf, wusste nicht, was sie antworten sollte. War das eine gute Sache? Oder war das schlecht? „Ich mag stille Kinder," fügte die Tante hinzu, bevor sie wieder in ihre Zeitung schaute. Lulu senkte den Kopf und kaute weiter. Stille Kinder. Das konnte sie sein. Still. Unsichtbar. Das würde sie vielleicht sicher machen.

Die Tage zogen sich hin, und Lulu begann zu verstehen, dass es in diesem Haus keinen Platz für Gefühle gab. Es gab keine Umarmungen, keine tröstenden Worte. Wenn Lulu weinte, weil sie ihre Mutter vermisste, schickte Tante Elfriede sie in den Keller. „Geh runter, bis du dich beruhigt hast," sagte sie und zeigte mit einer festen Handbewegung auf die Treppe. Lulu gehorchte, weil sie wusste, dass sie keine Wahl hatte.

Der Keller war dunkel und kühl, und die Luft roch nach Erde und Feuchtigkeit. Lulu fröstelte, obwohl es nicht wirklich kalt war. Sie setzte sich auf die unterste Stufe der Kellertreppe, zog ihre Beine fest an die Brust und legte den Kopf auf die Knie. Ihr kleiner Körper bebte vor Schluchzen, die Tränen liefen unaufhaltsam über ihre Wangen und hinterließen kalte Spuren auf ihrer Haut. Sie versuchte, die Tränen mit ihren Ärmeln wegzuwischen, doch immer wieder kamen neue, bis sie schließlich aufgab.

Ein schmaler Lichtstreifen fiel durch den Schlitz unter der Tür und zeichnete eine dünne Linie auf den Boden. Lulu starrte darauf, als wäre dieser Lichtstrahl das Einzige, das sie daran hinderte, in der Dunkelheit zu verschwinden. Das Licht war klein, schwach und doch so beruhigend. Sie konzentrierte sich darauf, weil sie sonst nichts hatte, woran sie sich festhalten konnte.

Zwischen ihren Schluchzern begann Lulu leise zu flüstern: „Mama kommt bald zurück. Mama kommt bald zurück." Sie wiederholte die Worte immer und immer wieder, wie ein Mantra, das ihr half, die Minuten und Stunden zu überstehen. Ihre Stimme zitterte, brach manchmal ab, doch sie zwang sich, die Worte weiterzusprechen.

Lulu wiegte sich langsam hin und her, die Bewegung war sanft, fast unmerklich, doch sie war alles, was sie tun konnte, um sich selbst zu beruhigen. Sie schloss die Augen und stellte sich vor, wie ihre Mutter die Tür öffnen würde, sie in die Arme nehmen und nach Hause bringen würde. Diese Vorstellung war wie ein kleiner Anker in einem Meer aus Angst und Verzweiflung.

Doch mit jeder Minute, die verstrich, verblasste die Hoffnung. Die Worte, die sie leise vor sich hinflüsterte, wurden weniger kraftvoll, ihre Stimme dünn und brüchig. Schließlich verstummte sie ganz. Lulu hob ihren Kopf und wischte sich die Tränen aus den Augen, ihre kleinen Hände zitterten. Ihr Blick kehrte zurück zu dem Lichtstreifen unter der Tür, aber jetzt war es, als ob er sie nur noch an ihre Einsamkeit erinnerte.

Die Tränen versiegten, nicht weil der Schmerz weniger wurde, sondern weil Lulu spürte, dass niemand kam. Niemand würde die Tür öffnen, sie trösten oder ihr sagen, dass alles gut werden würde. Sie war allein, und sie wusste es.

Langsam atmete sie tief ein, dann wieder aus. Die Stille um sie herum drückte schwer auf sie, doch sie hörte auf zu weinen. Lulu spürte, wie sie sich in sich selbst zurückzog, wie sie den Schmerz in eine Ecke ihres Herzens schob, wo er sie nicht mehr so stark erreichen konnte. Sie hielt inne, blieb regungslos sitzen und ließ die Dunkelheit um sich herum zu.

In diesem Moment spürte Lulu, wie sich etwas in ihr veränderte. Es war, als ob ein Teil von ihr hart wurde, ein Schutzpanzer, der sie vor dem Schmerz bewahren sollte. Doch tief in ihrem Inneren glomm ein winziger Funke, so klein, dass sie ihn kaum spürte, aber er war da. Es war der Gedanke, der sie immer wieder durch den Tag brachte:

„Vielleicht kommt Mama morgen zurück."

Die Tante sprach selten mit ihr. Lulu lernte, die Regeln des Hauses schnell zu verstehen. Sie wusste, wann sie sich still verhalten musste, wann sie helfen sollte und wann sie sich besser aus dem Weg hielt.

Es gab keine Liebe in diesem Haus, nur Pflichten. Lulu war klein, aber sie wusste, dass sie niemanden stören durfte. Wenn sie nicht auffiel, war alles gut. Also lächelte sie – ein leises, süßes Lächeln, das sie wie eine Maske trug. Niemand bemerkte, dass das Lächeln nicht in ihren Augen ankam.

Manchmal hörte Lulu die Tante mit ihrem Mann sprechen. Ihre Stimmen waren hart, und Lulu verstand nicht, was sie sagten, aber sie wusste, dass sie nicht willkommen war. Sie fühlte sich wie ein Gast, der nicht bleiben sollte, wie eine Last, die niemand tragen wollte. Doch sie sprach nie darüber. Sie hatte gelernt, dass Worte nichts änderten. Also sprach sie nicht. Sie war still. Immer still.

Eines Nachmittags hörte sie, wie die Tante mit einer Nachbarin sprach. „Das Mädchen ist ganz brav. Macht keinen Ärger. Man merkt sie kaum." Lulu, die in der Nähe saß, hörte die Worte und spürte einen kleinen Stich in ihrem Herzen.

Man merkt sie kaum. War das gut? Oder war das schlecht? Sie wusste es nicht. Aber sie wusste, dass es bedeutete, dass sie unsichtbar war – und das war sicher. Also blieb sie unsichtbar.

Zu Hause, bei ihren Eltern, waren die Abende für Lulu immer ein Trost. Sie teilte sich das Zimmer mit ihrer großen Schwester und ihrem großen Bruder. Nach einem langen Tag, der oft voller Lachen und Streitereien war, kamen sie zusammen, wenn die Mutter ein Buch in die Hand nahm. Sie saßen oder lagen nebeneinander, während ihre Mutter vorlas. Ihre Stimme war weich, ihre Worte wie eine warme Decke, die sie alle einhüllte. Manchmal war die Geschichte lustig, manchmal spannend, und manchmal so wunderschön, dass Lulu die Augen schloss und sich vorstellte, sie wäre ein Teil davon.

Bevor sie einschliefen, flüsterten sie sich oft noch leise zu. Ein geheimes Wort, ein Kichern, ein kleines Necken – es war, als hätten sie eine Welt, die nur ihnen gehörte. Lulu liebte diese Momente. Es war der letzte Hauch von Vertrautheit, bevor der Schlaf sie mitnahm. Sie fühlte sich sicher, behütet, geliebt.

Doch diese Welt war nun verschwunden.

Die Nächte bei der Tante waren die schwerste Zeit. Wenn Lulu allein in ihrem kleinen Bett lag, fühlte sie die Kälte des Raums bis in ihre Knochen. Das Bett, das sie nicht kannte, die Decke, die kratzig und rau war – nichts fühlte sich richtig an. Die vertrauten Stimmen ihrer Mutter und Geschwister fehlten ihr, und die Stille war wie ein lautes Dröhnen in ihrem Kopf.

Manchmal hörte Lulu die Geräusche des Hauses: das Knarren der Dielen, das Klappern der Fensterläden im Wind, das entfernte Summen der Stimmen ihrer Tante und ihres Onkels, die hinter verschlossenen Türen sprachen. Es war, als ob das Haus selbst traurig war, als ob es ihren Schmerz mit ihr teilte.

Lulu zog die Decke über ihren Kopf und drückte ihre Puppe fest an sich. Sie versuchte, mit ihr zu reden, wie sie es mit ihren Geschwistern getan hatte. „Mama kommt bald," flüsterte sie leise. Ihre Stimme war kaum hörbar, als ob sie Angst hatte, das Schweigen zu brechen. „Vielleicht morgen. Vielleicht übermorgen."

Doch tief in ihrem Herzen wusste Lulu, dass niemand kommen würde. Nicht morgen. Nicht übermorgen. Vielleicht niemals.

Trotzdem klammerte sie sich an diesem kleinen Funken Hoffnung fest. Es war das Einzige, was sie hatte. Sie flüsterte sich die Worte immer wieder zu, bis sie schließlich einschlief. Doch ihre Träume waren kalt, genauso wie die Nächte, und die Einsamkeit war ein ständiger Schatten, der sie begleitete.

Lulu sehnte sich nach der Zeit zurück, in der das Flüstern und Kichern ihrer Geschwister sie in den Schlaf begleitet hatte. Nach den Geschichten ihrer Mutter, die wie ein Schutzschild gegen die Dunkelheit waren. Doch diese Welt war nun so weit weg, dass sie sich manchmal fragte, ob sie jemals real gewesen war.

In der Stille der Nacht, allein mit ihrem Schmerz, wuchs in Lulu etwas Neues. Es war nicht nur die Einsamkeit, die sie umgab, sondern auch eine kleine, trotzige Stimme in ihr, die flüsterte: *„Halt durch. Vielleicht wird es wieder besser. Irgendwann."*

Zwischen Vertrautheit und Fremdheit:

Lulu fühlte sich in ihrer eigenen Familie fremd, als wäre sie nicht mehr willkommen. Vielleicht kennst du dieses Gefühl auch? Vielleicht hast du dich schon einmal an einem vertrauten Ort fremd gefühlt, ohne zu wissen, warum. Lass uns gemeinsam erforschen, was Zuhause für dich bedeutet.

Hast du dich in deinem Leben schon einmal an einem vertrauten Ort fremd gefühlt?

Was bedeutet „Zuhause" für dich, hier und heute?

Welche Teile dieses Gefühls kannst du in dir selbst finden, genau jetzt, in diesem Moment?

Seite für Notizen:

Platz für deine Gedanken, Erkenntnisse und Pläne

Kapitel 3: Verletzte Würde

Die Tage bei Tante Elfriede verliefen gleichförmig, kühl und still. Lulu lebte in einem Zustand des Aushaltens – ein ständiges Warten, ohne zu wissen, worauf. Jede Bewegung war durch Vorsicht geprägt, jedes Wort sorgfältig abgewogen. Ihre einzige Strategie war, unsichtbar zu bleiben, denn Unsichtbarkeit bedeutete Sicherheit.

Doch es gab eine Ausnahme – ein Lichtblick inmitten der kalten Monotonie: die Fahrten zum Geflügelhof. Lulus Tante arbeitete dort, sortierte Eier, während Lulu an ihrer Seite war. Lulu ging nicht in den Kindergarten, also musste sie mit.

Doch dieses „Müssen" fühlte sich nicht nach Zwang an – es war eine Flucht aus dem Alltag, eine Reise in eine andere Welt. Der Geruch von Stroh, das gleichmäßige Klappern der Eier auf den Förderbändern, das leise Murmeln der arbeitenden Frauen – all das wurde zu einer Kulisse, die Lulu seltsam beruhigte. Dort war sie nicht allein. Dort gab es eine Art Rhythmus, eine Ordnung, die sich vertraut anfühlte.

Jeden Morgen, wenn die Sonne noch tief stand und die Felder in goldenem Licht glänzten, setzte Tante Elfriede Lulu auf den kleinen, weißen Metallkindersitz, der vorne an der Lenkstange ihres Fahrrads montiert war. Anfangs klammerte Lulu sich mit ihren kleinen Händen so fest an das kalte Metall, dass ihre Finger schmerzten. Die Reifen ratterten über die unebenen Dorfstraßen, und Lulu wagte kaum zu atmen.

Doch mit der Zeit begann sie, den Fahrtwind zu spüren – er streichelte ihr Gesicht, spielte mit ihren Haaren, war wie eine sanfte Hand, die sie an eine Welt erinnerte, die es jenseits dieser Mauern gab. Der Fahrtwind war frei, unberührbar, wild – er gehörte niemandem, er ließ sich nicht einsperren oder zurechtweisen.

Eines Morgens, an einem warmen Sommertag, geschah es. Lulu ließ den Lenker los.

Vorsichtig richtete sie sich im Sitz auf, hob langsam ihre Arme zur Seite und breitete sie aus. Der Wind umfing sie, kitzelte ihre Haut, wirbelte durch ihr Haar. Sie schloss die Augen und stellte sich vor, sie würde fliegen. Nicht mehr ein kleines Mädchen auf einem Fahrrad – sondern ein Vogel, hoch über den Feldern, galant und frei. Kein Schmerz, keine Angst, keine Einsamkeit – nur die Weite des Himmels und das sanfte Flüstern des Windes, der ihr zuflüsterte: *Du bist frei.*

Ein Lächeln breitete sich auf ihrem Gesicht aus – eines, dass sie lange nicht mehr gespürt hatte. Ein echtes, tiefes Lächeln.

„Halt dich fest!" fauchte Tante Elfriede plötzlich. Ihre Stimme war wie ein harter Schnitt in die Magie des Moments. Lulu riss die Augen auf, krallte sich wieder an den Lenker. Ihr Herz klopfte wild, der Zauber zerbrach.

Aber das Gefühl blieb.

Wie ein kleines, verborgenes Geheimnis tief in ihrem Inneren – die Gewissheit, dass es da draußen eine Welt gab, in der sie wirklich frei sein konnte.

Lulu war noch immer von dem Gefühl des Windes erfüllt, als die Tante ihr auftrug, den Besen aus der Küche zu holen.

Lulu nickte hastig und machte sich sofort auf den Weg. Wenn sie tat, was man von ihr verlangte, blieb sie unsichtbar. Und das bedeutete Sicherheit. In der Speisekammer neben der Küche fand sie den Besen. Ihre kleinen Hände umklammerten den Stiel, während sie zurück in die Küche ging.

Doch als Lulu wieder in die Küche trat, war die Tante nicht mehr dort. Stattdessen hörte sie draußen Stimmen.

Es waren laute, schallende Stimmen, begleitet von einem rauen, unkontrollierten Lachen, das durch den Hinterhof hallte. Lulu blieb stehen. Lachen war selten in diesem Haus, und es klang fremd in ihren Ohren – wie etwas, das nicht hierhergehörte.

Mit dem Besen in der Hand folgte sie dem Geräusch. Ihre Schritte wurden langsamer, je näher sie der Hintertür kam. Etwas an den Stimmen machte sie nervös, und ihre Hände hielten den Besen noch fester. Als Lulu vorsichtig die Tür zum Hinterhof öffnete, sah sie ihre Tante zusammen mit ein paar anderen Erwachsenen beim Schweinestall stehen.

Ihre Stimmen waren laut, ihr Lachen überschlug sich fast. Lulu zögerte, blieb in der Tür stehen und hoffte, dass sie nicht bemerkt würde. Doch ihre Tante sah sie sofort.

„Da bist du ja," sagte sie mit einer Stimme, die keine Wärme hatte. Ihre Augen verengten sich, und Lulu spürte, wie ihr Herz schneller schlug. „Komm her," rief die Tante und bedeutete ihr mit einem scharfen Fingerzeig, näherzukommen.

Lulu wollte nicht, aber sie wusste, dass es schlimmer werden würde, wenn sie zögerte. Sie setzte sich in Bewegung, ihre Schritte waren schwerfällig, und der Besen in ihrer Hand fühlte sich plötzlich viel zu groß an.

„Stell sie mal rein," sagte eine der anderen Stimmen, und ein lautes Gelächter folgte. Lulu verstand nicht, was gemeint war, aber sie spürte, dass es nichts Gutes bedeutete.

„Mach die Tür auf," befahl die Tante, und die hölzerne Tür wurde weit geöffnet. Lulu erstarrte. Der muffige Geruch von Stroh, Schwein und Feuchtigkeit schlug ihr entgegen. Im Inneren bewegte sich ein massiges Schwein, das langsam den Kopf drehte und sie mit seinen kleinen, dunklen Augen ansah. Es grunzte tief und trat ein Stück zur Seite, als wollte es sie mustern.

„Rein mit dir," sagte die Tante scharf. Lulu wollte protestieren, wollte weg, doch bevor sie ein Wort sagen konnte, wurde sie in den Stall geschoben.

Die Tür fiel hinter ihr zu, und das Klacken des Riegels ließ ihr Herz schneller schlagen.

Der Stall war dunkel, und die Luft war dick und schwer. Lulu stand wie angewurzelt da, ihre kleinen Füße versanken im schmutzigen Boden, während das Schwein sich langsam auf sie zubewegte. Sein massiger Körper füllte den kleinen Raum aus, und es grunzte wieder, diesmal lauter. Lulu hielt den Atem an.

Die Panik stieg in ihr auf. Ihr Herz schlug so laut, dass es ihr vorkam, als könnte es jeden Moment zerspringen. Ihre Hände krallten sich in den Stoff ihres Kleides, während Tränen unaufhaltsam über ihre Wangen liefen. Sie wollte schreien, doch ihre Stimme versagte.

Das Schwein machte einen weiteren Schritt auf sie zu, und plötzlich brach ein lauter Schrei aus Lulu heraus. Es war ein Schrei, der tief aus ihrer Angst kam, roh und durchdringend. Das Schwein schrie ebenfalls, ein ohrenbetäubendes Echo, das die kleine Welt des Stalls füllte.

Draußen hörte Lulu das laute Gelächter der Erwachsenen. Es war schallend, ausgelassen – ein Lachen, das ihren Schmerz nicht sah. Ihre Angst, ihre Tränen – alles war nur eine Belustigung.

Irgendwann wurde die Tür wieder geöffnet, und das Licht fiel in den dunklen Stall. Lulu blinzelte, die Tränen machten es ihr schwer, etwas zu sehen. Die Tante stand in der Tür, die Hände in die Hüften gestemmt, und schüttelte den Kopf.

„Hör auf zu heulen. Es war doch nur ein Spaß," sagte sie mit einer Stimme, die jede Empathie vermissen ließ.

Lulu stolperte aus dem Stall, ihre Beine wackelten, und sie fühlte sich, als hätte sie all ihre Kraft verloren.

Die Wunden der Demütigung:

Manchmal gibt es Erlebnisse, die uns das Gefühl geben, klein und hilflos zu sein. So wie Lulu in diesem Moment.

Gibt es eine Erinnerung in deinem Leben, die ähnliche Gefühle in dir weckt?

Lass uns sie gemeinsam anschauen – nicht um den Schmerz zurückzuholen, sondern um ihn endlich loszulassen.

Seite für Notizen:

Platz für deine Gedanken, Erkenntnisse und Pläne

Kapitel 4: Die Magie der Dunkelheit

Die Kellertreppe war kalt und rau, mit abgenutzten Holzstufen, die an den Kanten splitterten. Lulu saß oft dort, ihre kleinen Beine angewinkelt, die Arme darum geschlungen, während sie mit leerem Blick auf den schmalen Lichtstreifen starrte, der sich unter der Tür abzeichnete. Die Dunkelheit des Kellers verschluckte alles um sie herum – die Stimmen aus dem Haus, das Gefühl für die Zeit, manchmal sogar die Schwere in ihrer Brust. Doch der Lichtstreifen blieb. Er war der einzige Beweis, dass irgendwo da draußen eine Welt existierte, die nicht so kalt und dunkel war wie dieser Raum.

Es war immer derselbe Ablauf. Wenn Lulu ihrer Tante „im Weg stand" – was bedeutete, dass sie nicht sofort spurte oder einfach nur zur falschen Zeit am falschen Ort war –, wurde sie mit einem knappen „Runter mit dir!" auf die Kellertreppe geschickt. Die Tür schloss sich mit einem dumpfen Geräusch hinter ihr, und Lulu wusste, dass sie hier bleiben musste, bis die Tante es für richtig hielt, sie wieder ins Haus zu holen.

Anfangs weinte Lulu. Sie schluchzte laut, schlug mit ihren kleinen Fäusten gegen die Tür und rief nach ihrer Mutter. „Mama, hol mich hier raus! Mama!" Doch niemand kam. Niemand hörte ihr zu. Die Stimme ihrer Tante, die durch die Tür drang, war kurz und schneidend: „Hör auf zu schreien, das bringt dir nichts!" Und Lulu glaubte ihr. Also hörte sie auf.

Die Tränen versiegten, doch die Angst blieb. Lulu fühlte sich verloren, wie ein kleines Boot, das in einem endlosen, stürmischen Ozean trieb. Sie klammerte sich an ihre Knie, suchte Halt in sich selbst. Der Keller war dunkel und roch nach Erde und Moder. Manchmal hörte sie ein leises Tropfen, das irgendwo in der Ferne widerhallte. Es war, als ob der Raum lebte, als ob er atmete, und Lulu fühlte sich, als würde er sie verschlucken.

Doch in der Dunkelheit begann Lulu, eine neue Welt zu erschaffen. Es begann mit kleinen Gedanken – Erinnerungen an ihre Mutter, an das Lächeln ihrer Geschwister, an die Geschichten, die ihr früher vorgelesen wurden. In ihrem Kopf malte sie sich aus, wie ihre Mutter eines Tages zur Tür kommen und sie in die Arme schließen würde. Sie stellte sich vor, wie sie gemeinsam lachen würden, wie alles wieder so wäre wie früher.

Nach und nach wurde diese Fantasiewelt größer und lebendiger. Lulu stellte sich vor, dass die Kellertreppe nicht einfach nur eine Treppe war, sondern der Eingang zu einem verborgenen Wunderland. Eine magische Schwelle, die nur sie überqueren konnte.

Wenn sie die Augen schloss, wurde der kalte Beton warm und sanft, die harten Stufen verwandelten sich in einen Weg aus Moos, der nach Sommerregen duftete. Sie konnte sehen, wie sich vor ihr eine verborgene Tür auftat, schwer und geheimnisvoll, doch sobald sie hindurchtrat, wurde alles von Licht durchflutet.

Sie betrat einen Garten, der so bunt war, dass es fast wehtat, hinzusehen. Die Luft war warm, die Sonne kitzelte auf ihrer Haut, und überall wuchsen kräftige, leuchtende Blumen – in all den Farben, die ihre Mutter so sehr liebte. Goldene Sonnenblumen reckten sich dem Himmel entgegen, violette Lupinen wogten sanft im Wind, und zwischen ihnen tanzten Mohnblumen in feurigem Rot. Der Duft von Lavendel mischte sich mit dem süßen Aroma der frisch erblühten Rosen, und Lulu sog ihn tief in ihre Lungen ein.

Überall summte und schwirrte das Leben. Schmetterlinge flatterten mit schillernden Flügeln zwischen den Blüten, eine Libelle schwebte wie ein winziger Juwel über einem verborgenen Teich, dessen Wasser in der Sonne funkelte. Lulu konnte das sanfte Plätschern hören, konnte spüren, wie das Licht sich auf ihrer Haut spiegelte. Hier war kein Platz für Dunkelheit.

Hier war sie frei.

Eine Welt, in der niemand schrie. Eine Welt, in der niemand sie wegschickte. Eine Welt, in der sie einfach sein durfte – genau so, wie sie war.

Diese Fantasien wurden zu ihrem Schutzschild. Sie waren ihr Geheimnis, ihr sicherer Hafen. Sie halfen ihr, die Dunkelheit des Kellers und die Kälte ihrer Tante zu ertragen.

Lulu lernte, dass sie ihre Gedanken lenken konnte, dass sie sich jederzeit an diesen Ort träumen konnte – weit weg von allem, was ihr Angst machte.

Sie nannte diese Gedanken ihre „Sonnenmomente".

Es war, als würde sie sich selbst eine kleine Sonne erschaffen, die sie wärmte, wenn niemand sonst es tat. Und solange sie diese Sonne in sich trug, konnte keine Dunkelheit sie verschlingen.

Doch je stärker ihre innere Welt wurde, desto mehr zog sie sich aus der echten Welt zurück. Lulu sprach immer weniger. Ihre Stimme wurde leise, fast ein Flüstern, und ihr Lächeln wurde zu einer Maske, die sie aufsetzte, um die Erwachsenen zufrieden zu stellen. Niemand durfte wissen, was wirklich in ihr vorging. Denn Lulu hatte gelernt, dass ihr Schmerz und ihre Angst niemanden interessierten. Es war besser, sie für sich zu behalten.

Manchmal fragte sie sich, ob sie jemals wieder wirklich glücklich sein könnte. Ob die Wärme, die sie in ihrer Fantasie fand, eines Tages auch in die echte Welt kommen würde. Doch diese Gedanken waren gefährlich, denn sie weckten die Sehnsucht in ihr, und Lulu hatte Angst, dass die Sehnsucht sie eines Tages verschlingen würde.

Die Kellertreppe wurde zu einem Ort, den Lulu fürchtete und gleichzeitig brauchte. Sie hasste die Dunkelheit, die Kälte und die Einsamkeit, aber sie liebte die Freiheit, die sie in ihren Gedanken fand. Es war ein seltsames Paradox – ein Ort der Qual und der Rettung zugleich.

Eines Tages, als Lulu wieder einmal auf der untersten Stufe saß, bemerkte sie etwas: Sie weinte nicht mehr. Sie fühlte keine Panik mehr, keine Verzweiflung. Stattdessen fühlte sie sich ruhig, fast gleichgültig. Sie wusste, dass niemand kommen würde, um sie zu retten. Und das war in Ordnung. Sie brauchte niemanden. Sie hatte sich selbst.

Mit diesem Gedanken begann Lulu, sich zu verändern. Sie wurde stärker, leiser, aber auch distanzierter. Die Welt da oben, hinter der Kellertür, war nicht ihre Welt. Ihre Welt war hier unten, tief in ihrer Gedankenwelt verborgen, wo niemand sie verletzen konnte.

Und in dieser Welt war sie sicher.

Licht in sich selbst finden

Lulu lernt, dass sie die Dunkelheit nicht fürchten muss – sie kann darin ihre eigene Kraft entdecken. Die Kellertreppe ist nicht nur ein Ort der Angst, sondern wird zu einem Raum, in dem ihre Fantasie Schutz bietet. Sie schafft sich ihre eigene Welt aus Licht und Wärme.

Reflexionsimpuls: Deine innere Zuflucht

Wie Lulu entdeckst du vielleicht auch, dass du einen inneren Ort brauchst, an dem du sicher bist – unabhängig von der Außenwelt. Wie sieht dieser Ort für dich aus? Lass uns gemeinsam einen Zufluchtsort in deinem Inneren erschaffen. Ist er voller Licht? Riecht es dort nach Lavendel? Welche Farben umgeben dich? Schreibe eine kurze Beschreibung deines inneren Zufluchtsortes und rufe ihn in Gedanken auf, wann immer du ihn brauchst.

Übung: Die Kraft der Visualisierung

Schließe die Augen und atme tief ein. Stell dir vor, du betrittst einen Raum, in dem du dich vollkommen sicher fühlst. Sieh die Details vor deinem inneren Auge. Spüre, wie dieser Ort dich stärkt und dir Ruhe schenkt. Wiederhole diese Übung immer dann, wenn du dich in herausfordernden Momenten befindest.

Glaubenssätze transformieren

- Notiere drei negative Glaubenssätze über dich selbst.

- Überlege, woher sie stammen und ob sie heute noch wahr sind.

- Formuliere sie in positive, stärkende Überzeugungen um.

- Lies deine neuen Glaubenssätze täglich laut vor, um sie zu verinnerlichen.

Seite für Notizen:

Platz für deine Gedanken, Erkenntnisse und Pläne

Kapitel 5: Die Rückkehr

Ein Jahr. Ein ganzes Jahr hatte Lulu bei ihrer Tante verbracht. Für ein kleines Kind bedeutete das eine Ewigkeit. Sie hatte sich an das neue Leben angepasst, an die kalte Struktur, die stillen Tage und die Einsamkeit. Die Kellertreppe war nicht mehr nur ein Ort der Strafe, sondern ein vertrauter Platz, und die Fantasiewelten, die sie sich erschaffen hatte, waren zu ihrem sicheren Hafen geworden. Doch eines Tages änderte sich alles wieder.

Es war ein grauer Morgen, als Lulu merkte, dass etwas anders war. Die Tante packte ihren kleinen Koffer, denselben, den ihre Mutter ein Jahr zuvor gepackt hatte. Die wenigen Dinge, die Lulu gehörten – ihre Puppe, ein paar Kleider, und das Buch mit den bunten Bildern, dass sie nie lesen konnte – wurden mit schnellen Bewegungen hineingestopft. Lulu stand still daneben, ihre kleinen Hände ineinander verschränkt, und wagte nicht, zu fragen.

„Zieh deine Schuhe an," sagte die Tante knapp, ohne Lulu dabei anzusehen. Lulu gehorchte sofort. Sie hatte gelernt, keine Fragen zu stellen. Aber in ihrem Inneren brodelte es. Was bedeutete das? Würde sie wieder fortgebracht werden? Wohin würde sie diesmal gehen? Sie wollte fragen, aber die Worte blieben in ihrem Hals stecken. Stattdessen zog sie ihre kleinen, abgetragenen Schuhe an und wartete.

Der Weg zurück war still. Lulu saß auf dem Rücksitz des Autos und hielt ihre Puppe fest an sich gedrückt. Ihre Augen starrten aus dem Fenster, doch sie sah nichts von der vorbeiziehenden Landschaft. Sie hatte Angst. Eine Angst, die sie nicht benennen konnte. Ihr kleiner Körper fühlte sich steif an, und ihr Atem ging flach. Sie erinnerte sich an die letzte Fahrt, als sie von ihrer Mutter weggebracht wurde, und spürte, wie ihr Herz schneller schlug. Warum? Warum geschah das wieder? Was hatte sie getan, das so schlimm war, dass sie nicht bleiben durfte?

Nach einer Weile hielt das Auto an. Lulu schaute aus dem Fenster und sah das vertraute Haus, in dem sie mit ihrer Familie gelebt hatte. Doch es fühlte sich nicht vertraut an. Es war ein fremder Ort geworden, genauso wie die Menschen darin. Die Tante öffnete die Tür, griff nach dem kleinen Koffer und stellte ihn auf den Boden. Lulu kletterte langsam aus dem Auto, ihre Puppe immer noch fest umklammert. Sie spürte die kalte Luft auf ihrer Haut und zitterte leicht.

Die Tante führte Lulu ins Haus, ihre Schritte hallten auf dem kalten Steinboden des Flurs wider. Lulu folgte ihr, das Herz schwer und voller Fragen, während sie versuchte, die vertrauten Gerüche des Hauses ihrer Eltern wiederzuerkennen. Doch die Luft roch anders, kälter, fremder.

Am Ende des langen Flurs stand die Küchentür einen Spalt weit offen. Lulu konnte sehen, dass jemand dahinter war – eine Gestalt, groß und still. Es war ihr Vater. Sein Gesicht war regungslos, und seine Augen hatten einen Ausdruck, den Lulu nicht deuten konnte. Sie wollte auf ihn zulaufen, wie früher, wenn sie mit offenen Armen in seine Umarmung gerannt war. Doch ihre Beine blieben wie angewurzelt stehen.

Die Tante blieb an der Haustür stehen, richtete sich auf und stellte die beiden Koffer mit einem dumpfen Geräusch auf den Boden. Sie schaute Lulu kurz an, ihre Augen kühl und distanziert, als ob sie nur eine Aufgabe erledigt hätte. Sie drehte sich um und ging hinaus, ohne ein Wort. Lulu blieb stehen, die Puppe fest in ihren kleinen Händen, und starrte der Tante hinterher. Sie beobachtete, wie diese zum Auto ging, einstieg und wegfuhr. Lulu folgte dem Auto mit den Augen, bis es nur noch ein kleiner Punkt am Horizont war.

Als die Tür hinter ihr ins Schloss fiel, fühlte Lulu die Leere um sich herum. Es war ein schneidendes Gefühl, als ob das Haus sie verschluckt hätte. Sie konnte ihren Blick nicht von der Stelle lösen, an der ihre Tante gestanden hatte.

Die Küchentür öffnete sich ganz, und ihr Vater trat heraus. Er sah sie an, reglos und schweigend. Lulu wollte etwas sagen, wollte zu ihm laufen, doch die Worte blieben in ihrer Kehle stecken, und ihre Füße waren wie gelähmt. Nach einem Moment des Zögerns ging er zu den Koffern, hob sie auf und drehte sich um. „Komm," sagte er leise und führte sie den langen Flur hinunter zur Küche.

Die Küche, einst ein Ort der Wärme und des Lebens, wirkte plötzlich so still und leer. Ihre Geschwister waren schon vor ihr angekommen. Alle drei hatten das vergangene Jahr bei verschiedenen Verwandten verbracht, und Lulu hatte weder ihre Eltern noch ihre Geschwister in dieser Zeit gesehen. Auf der Eckbank saß ihre Mutter, die Hände in einem zerknüllten Taschentuch. Ihre Augen waren rot, und ihre Schultern zuckten leicht, als sie versuchte, ein Schluchzen zu unterdrücken. Neben ihr stand Lulus Schwester, mit leerem

Blick auf den Boden starrend, und ihr Bruder stand daneben, die Hände in den Hosentaschen. Niemand sprach ein Wort.

„Da ist sie," sagte ihr Vater leise. Seine Worte hingen schwer in der Luft, ohne Widerhall. Lulus Mutter hob langsam den Kopf. Ihre Augen waren rot und müde, und als sie Lulu sah, schien etwas in ihrem Blick aufzubrechen. Sie streckte die Arme aus, zögerlich, als fürchte sie, Lulu könnte weglaufen.

„Mein armes Mädchen," flüsterte sie und zog Lulu in eine feste Umarmung. Lulu ließ es geschehen, ihre kleinen Füße blieben fest auf dem Boden, aber ihr Körper wurde steif. Die Wärme ihrer Mutter, die sie früher immer getröstet hatte, fühlte sich jetzt wie ein erdrückender Mantel an.

Der vertraute Duft ihrer Mutter stieg ihr in die Nase – eine Mischung aus Seife und etwas, das sie nicht mehr benennen konnte. Doch statt Trost spürte Lulu, wie ihre Brust sich zuschnürte. Sie konnte nicht atmen. Es war, als ob die Umarmung zu viel war, als ob sie darin ersticken würde.

Panik stieg in ihr auf. Ihre kleinen Hände wollten sich lösen, sie wollten etwas greifen, das Halt gab, doch ihre Finger blieben regungslos. Lulus Herz schlug schneller, und ein Zittern durchlief ihren Körper.

„Du bist wieder zu Hause," sagte ihre Mutter mit gebrochener Stimme und hielt Lulu noch fester. Doch genau das war es, was Lulu nicht ertragen konnte. Diese Nähe, diese Wärme – sie war ihr fremd geworden, sie fühlte sich falsch an.

Als ihre Mutter schließlich die Umarmung löste, wollte sie Lulu in die Augen sehen, wollte ihre Tochter mit einem Blick beruhigen. Doch Lulu wich zurück. Ihr Atem war flach, und ihr Kopf drehte sich leicht zur Seite. Sie konnte die Augen ihrer Mutter nicht ertragen, die voller Schmerz und Schuldgefühle waren.

Stattdessen machte Lulu einen kleinen Schritt zurück, ihr Blick flackerte zwischen ihrer Mutter und dem Boden. Sie fühlte sich gefangen in einem Raum, der einmal Geborgenheit bedeutete, der jetzt aber nur Enge und Fremdheit ausstrahlte.

Ihre Mutter seufzte leise, wischte sich mit dem Taschentuch über die Augen und richtete sich mühsam auf. „Es wird wieder gut," sagte sie, als ob sie sich selbst davon überzeugen wollte. Doch Lulu spürte, dass nichts mehr so sein würde wie früher.

An diesem Abend, als Lulu in ihrem alten Bett lag, das sich jetzt wie ein Fremdkörper anfühlte, hörte sie die leisen Stimmen ihrer Eltern aus der Küche. Die Worte erreichten sie nicht, aber der Tonfall war schwer und voller Spannung. Lulu zog die Decke bis ans Kinn und starrte an die Decke. Ihr Herz fühlte sich schwer an, wie ein Stein, den sie nicht ablegen konnte.

In den Armen ihrer Mutter hatte Lulu die Nähe gespürt, nach der sie sich monatelang gesehnt hatte – doch sie konnte sie nicht annehmen. Die Liebe, die sie so dringend gebraucht hatte, fühlte sich jetzt wie ein Schatten an, der sie verfolgte, aber nicht berührte.

Es war der Moment, in dem Lulu begriff, dass die Zeit, die sie von ihrer Familie getrennt war, etwas in ihr zerbrochen hatte. Etwas, das vielleicht niemals wieder ganz werden würde.

Die Tage danach waren von einer seltsamen Stille geprägt. Lulu versuchte, sich in das Leben ihrer Familie einzufügen, doch nichts fühlte sich richtig an. Die vertrauten Räume hatten sich verändert, und die Menschen, die sie kannte, waren zu Fremden geworden. Ihre Geschwister schienen nicht zu wissen, wie sie mit ihr umgehen sollten, und Lulu selbst fühlte sich wie eine Last, die niemand tragen wollte.

Nachts lag sie wach in ihrem alten Bett, das ihr nun fremd vorkam, und starrte an die Decke. Sie dachte an die Kellertreppe bei ihrer Tante, an den schmalen Lichtstreifen, der sie durch die Dunkelheit begleitet hatte.

Dort war sie einsam gewesen, doch sie hatte ihre eigene Welt gehabt, ihre Zuflucht. Hier, in diesem Haus, fühlte sie sich noch einsamer, denn sie war umgeben von Menschen, die sie nicht mehr verstand – und die sie anscheinend auch nicht mehr verstanden.

In dieser Stille wuchs Lulus Entfremdung weiter. Sie lächelte, wenn man sie ansah, aber es war ein leeres Lächeln, eine Maske, die sie sich aufgesetzt hatte, um die Fragen und die Blicke zu vermeiden. Die süße, stille Lulu war zurückgekehrt, aber niemand bemerkte, dass sie nicht mehr dieselbe war.

Doch in all dieser Fremdheit begann Lulu etwas zu erkennen: Die Wärme, die sie so sehr vermisste, würde nicht von außen kommen. Die Welt, die sie sich selbst erschaffen hatte, blieb ihr einziger Zufluchtsort, ihre einzige Sicherheit. Und so zog sie sich immer weiter in diese innere Welt zurück – eine Welt, in der sie stark war, in der sie geliebt wurde.

Die Rückkehr zu ihrer Familie war kein Ende. Es war der Anfang einer weiteren Reise – einer Reise durch Einsamkeit, Verwirrung und schmerzliche Erkenntnisse.

Doch tief in Lulu glimmte ein Funke, der ihr zuflüsterte:

„Eines Tages wird alles gut."

Ein fremdes Zuhause:

Hast du dich jemals inmitten deiner Familie fremd gefühlt?

Wie fühlt sich dieses Gefühl der Entfremdung heute an?

Was brauchst du gerade, um ein Gefühl der Zugehörigkeit für dich selbst zu schaffen?

Welche kleinen Schritte kannst du unternehmen, um dich in deinem eigenen Leben und in deinen Beziehungen mehr zu Hause zu fühlen?

Seite für Notizen:

Platz für deine Gedanken, Erkenntnisse und Pläne

Kapitel 6: Der letzte Funken Wärme

Das Jahr nach Lulus Rückkehr war von Chaos und Unsicherheit geprägt. Die lauten Streitereien ihrer Eltern füllten das Haus mit einer unerträglichen Spannung, die Lulu jeden Tag spürte, auch wenn sie die Worte oft nicht verstand. Die Geräusche, das Klirren von Geschirr, das Schlagen von Türen – all das hallte in ihrem kleinen Kopf wider. Es war, als ob das Haus selbst unter der Last dieser Konflikte seufzte.

Manchmal, wenn der Streit besonders heftig war, zog sich Lulus Vater ins Wohnzimmer zurück. Lulu wusste, dass sie ihn dort finden würde – im Sessel, eine Zigarette in der Hand, die Asche fiel leise auf den Teppich. Manchmal hatte er auch ein Glas in der anderen Hand, aus dem er langsam trank, während sein Blick ins Leere ging.

An diesem Abend jedoch war der Streit besonders laut, besonders heftig. Die Schreie aus der Küche, voller Wut und Verletztheit, schienen die Wände zu zerreißen. Lulu saß zusammen mit ihren Geschwistern im Kinderzimmer. Ihre Geschwister hatten sich unter ihre Bettdecken verkrochen, die Kissen fest gegen ihre Ohren gedrückt, als könnten sie so die Welt draußen abschirmen. Lulu hingegen stand reglos da, die Ohren fest verschlossen, doch die Worte ihrer Eltern drangen dennoch an sie heran, rau und scharf wie Messer. Jeder Schrei, jede verbitterte Bemerkung durchbrach die Stille der Nacht und ließ ihr Herz schneller schlagen. Sie konnte nicht mehr ertragen, was sie da hörte – den Hass, den Schmerz, das Zerbrechen.

Und dann – plötzlich – verstummte es.

Langsam und mit leisen Schritten schlich Lulu den Flur entlang, als wäre der Boden unter ihr ein Minenfeld. Sie wusste, dass ihr Vater sich ins Wohnzimmer zurückgezogen hatte. Als sie den Türrahmen erreichte, spürte sie die Stille im Raum. Der Streit war hier nicht mehr zu hören – nur das leise Knistern der Zigarette, die ihr Vater im Sessel hielt. Sie fand ihn wie immer – müde, mit leerem Blick, aber in einer Weise, die sie beruhigte, als könne er sie in diesem Moment vor der Welt schützen.

Lulu trat näher, ihre Füße berührten kaum den Boden, als sie vorsichtig auf den Sessel zuging. Ihr Vater hob den Kopf und sah sie an, als würde er sich nach ihr sehnen, nach dem einzigen Moment der Ruhe, der noch existierte.

Sie kletterte behutsam auf seinen Schoß und fühlte sofort die Wärme seines Körpers, die sie wie eine Decke umhüllte. Sein Arm legte sich um sie, und für einen Moment schien die Welt stillzustehen. Es war der Moment, in dem die Scherben des Chaos für einen flimmernden Augenblick zusammenfanden und die Zeit stillstand.

„Meine Kleine," sagte er leise, seine Stimme war warm, aber müde. Lulu schloss die Augen und lehnte ihren Kopf an seine Brust. Der Duft von Tabak mischte sich mit dem vertrauten Gefühl seiner Umarmung, und sie fühlte sich sicher – auch wenn nur für einen kurzen Moment.

Diese Momente mit ihrem Vater wurden für Lulu zu einem Anker in der stürmischen See ihres Alltags. Doch die Stille war nie von Dauer. Irgendwann standen beide wieder auf, und die lauten Stimmen ihrer Eltern drangen erneut in den Raum. Lulu kehrte in ihr Bett zurück, zog die Decke bis ans Kinn und lauschte dem Chaos, das hinter den geschlossenen Türen tobte.

Eines Morgens war er einfach verschwunden – ohne ein Wort, ohne eine Spur.

Die Veränderung war sofort zu spüren, als hätte die Luft plötzlich an Dichte verloren. Sein Platz im Wohnzimmer blieb leer, der Sessel, der immer so vertraut war, schien jetzt nur noch ein Fremdkörper zu sein. Niemand sprach darüber. Keine Erklärung, kein „Auf Wiedersehen". Die Stille war ohrenbetäubend. Die Geräusche der zerrissenen Familie klangen in der Leere umso lauter. Lulu lief durch das Haus, als suchte sie nach einem Stück von ihm – ein Schuh, eine Jacke, irgendetwas, das ihm gehörte, das noch da war. Aber alles war verschwunden. Seine Sachen waren fort, und der Raum, den er hinterließ, war so groß und leer, dass es Lulu den Atem nahm.

Lulu spürte diese Leere nicht nur im Raum, sondern auch in den Gesichtern ihrer Mutter und Geschwister. Ihre Mutter wirkte müder, distanzierter. Ihr Bruder und ihre Schwester, so wie sie selbst, schienen gleichsam verloren, unsicher, wie sie mit dieser plötzlichen Abwesenheit umgehen sollten.

Lulu zog sich in ihre kleine Welt zurück. Sie redete leise mit ihrer Puppe, malte Bilder von fröhlichen Familien und erfand Geschichten, in denen alle einander liebten. Doch selbst in ihren Phantasien konnte sie das riesige Loch nicht füllen, das ihr Vater hinterlassen hatte.

Eines Abends, als Lulu in ihrem Zimmer saß, die Puppe fest an ihre Brust gedrückt, hörte sie plötzlich eine vertraute Stimme. Ihr Herz setzte einen Schlag aus. Es war seine Stimme – die Stimme, nach der sie sich so lange gesehnt hatte. Sie ließ die Puppe auf das Bett fallen, sprang auf und rannte, so schnell sie konnte, den Flur hinunter. „Papa!" rief sie, ihre kleine Stimme zitterte vor Aufregung und Hoffnung.

Da stand er.

In der Küche, groß und vertraut, mit ausgebreiteten Armen. „Meine Kleine," sagte er, und seine Stimme klang warm, wie früher. Lulu stürzte sich in seine Arme, schlang ihre kleinen Arme um seinen Hals und presste ihr Gesicht an seine Wange. In diesem Moment war die Welt wieder in Ordnung. Alles, was in den letzten Monaten gefehlt hatte, war wieder da – seine Wärme, sein Schutz, sein Duft. Sie wollte nie wieder loslassen.

Doch dann kam ihre Mutter. Ihre Schritte hallten schwer auf dem Boden, und ihre Stimme schnitt durch die Luft wie ein Messer. „Lulu, ins Kinderzimmer!" sagte sie, mit einer Schärfe, die keinen Widerspruch duldete. Lulu spürte, wie sich die Wärme ihres Vaters veränderte.

Seine Arme, die sie so fest gehalten hatten, lockerten sich. Sie hob den Kopf, sah ihn an, flehte ihn mit ihren Augen an, etwas zu tun, etwas zu sagen. „Papa?" flüsterte sie, ihre Stimme kaum hörbar.

Aber er sagte nichts.

Und dann geschah das Unfassbare – er ließ sie los. Einfach so. Er trat einen Schritt zurück, seine Arme fielen an seine Seiten, und Lulu spürte die Kälte, die sich zwischen ihnen ausbreitete. Warum? Warum hielt er sie nicht fest? Warum beschützte er sie nicht? Warum ließ er zu, dass sie wieder in diese Einsamkeit gestoßen wurde?

Mit schweren, zögerlichen Schritten ging Lulu zurück in ihr Zimmer. Jeder Schritt fühlte sich an, als würde sie tiefer in ein dunkles Loch sinken. Sie setzte sich auf ihr Bett, ihre kleinen Hände zitterten, und die Tränen, die sie zurückgehalten hatte, brachen hervor. Sie liefen über ihre Wangen, fielen auf ihre Puppe, die stumm und regungslos in ihrem Schoß lag.

„Warum?" flüsterte sie in die Dunkelheit. „Warum hat er nichts gesagt? Warum hat er mich losgelassen? Bin ich ihm egal?" Ihre kleine Brust hob und senkte sich heftig, während die Fragen in ihrem Kopf wirbelten. Warum kämpfte er nicht für sie? Warum schützte er sie nicht vor all dem Schmerz, vor all der Kälte? War sie nicht wichtig genug? War sie nicht liebenswert genug?

Zum ersten Mal begriff Lulu, dass die Welt nicht fair war. Dass Liebe nicht immer bedeutete, dass jemand bleibt. Und dass sie, so klein sie auch war, alleine mit diesem Schmerz zurechtkommen musste.

Sie legte sich ins Bett, zog die Decke bis über ihre Schultern und klammerte sich an ihre Puppe. Die Wärme, die sie in den Armen ihres Vaters gespürt hatte, war verschwunden. Zurück blieb nur eine Leere, die in ihrer kleinen Brust schmerzte. Und doch, tief in ihrem Inneren, war da noch ein Funken, ein leises Flüstern: „Vielleicht... vielleicht wird eines Tages alles wieder gut."

Aber in diesem Moment schien dieses Flüstern so weit weg, dass es fast nur noch ein Traum war.

Die Tage danach waren schwer. Lulu zog sich immer weiter in sich selbst zurück. Ihre kleine Fantasiewelt wurde ihr sicherer Hafen, der einzige Ort, an dem sie sich wirklich zu Hause fühlte. Doch selbst dort schlich sich die Leere ein, die ihr Vater hinterlassen hatte.

Die Wärme, die sie einst in seinen Armen gespürt hatte, verblasste langsam, wurde zu einer Erinnerung, die immer schwerer zu greifen war. Lulu wusste, dass die Welt der Erwachsenen kompliziert war, aber sie verstand nicht, warum ihre kleine Welt darunter leiden musste.

In ihrem Herzen trug sie ein Versprechen: Eines Tages würde sie einen Ort finden, an dem sie sich wieder sicher und geliebt fühlen konnte.

Selbstmitgefühl entwickeln

Lulu hat lange nach der Liebe ihres Vaters gesucht. Doch was wäre, wenn die Liebe, die sie vermisst hat, in ihr selbst liegt? Vielleicht hast du auch schon einmal das Gefühl gehabt, nicht genug zu sein. Was hättest du in diesem Moment gebraucht? Und wie kannst du dir das heute selbst geben?

Reflexionsfrage: Was hättest du gebraucht?

Denke an eine Beziehung in deinem Leben, in der du dich nach Anerkennung und Liebe gesehnt hast. Was hat dir gefehlt? Schreibe es auf. Dann frage dich: *Wie kann ich mir heute genau diese Liebe selbst schenken?*

Praxisübung: Der Brief an das innere Kind

Schreibe einen liebevollen Brief an dein jüngeres Ich. Sprich ihm Mut zu. Sage ihm, dass es wertvoll ist, genau so, wie es ist. Lies diesen Brief laut vor und spüre, wie sich dein Herz dabei verändert.

Vergebung als Kraftquelle

Manchmal hält uns der Schmerz vergangener Verletzungen davon ab, in die Zukunft zu gehen.

- Schreibe einen Brief an eine Person, die dich verletzt hat (du musst ihn nicht abschicken!).

- Drücke aus, wie du dich gefühlt hast, und erkenne an, dass du diesen Schmerz loslassen möchtest.

- Verbrenne oder vergrabe den Brief symbolisch, um die Last bewusst loszulassen.

Seite für Notizen:

Platz für deine Gedanken, Erkenntnisse und Pläne

Kapitel 7: Der Nikolaustag

Der Nikolaustag war für Lulu immer ein besonderer Tag gewesen. Sie liebte den Duft von Zimt und Mandarinen, der sich in den Straßen ausbreitete, die Kälte, die ihre Wangen rot färbte, und das freudige Warten darauf, dass der Nikolaus in seiner prachtvollen Kutsche durch die Stadt fuhr. Es war ein Moment, der für ein kleines Kind wie Lulu die Magie der Kindheit verkörperte.

An diesem Nikolaustag, ein paar Monate nach der Scheidung ihrer Eltern, zog Lulu alleine los. Ihre Mutter war müde und erschöpft, ihre Geschwister hatten andere Pläne, aber Lulu wollte den Nikolaus sehen.

Sie wollte sich in der Menge der Kinder einreihen, den großen Mann mit dem langen weißen Bart sehen und einen dieser leckeren Stutenkerle mit der kleinen Tonpfeife ergattern. Es war ein Moment des Trostes in einer Zeit, die sonst von Chaos und Ungewissheit geprägt war.

Die Straßen waren voller Kinder und Eltern. Lulu stand am Rand der Menge, ihre kleinen Hände in den Taschen ihres abgetragenen Mantels versteckt. Sie beobachtete, wie die Kutsche sich langsam näherte, gezogen von zwei Pferden, die Glocken an ihren Geschirren trugen. Der Nikolaus saß erhoben auf der Kutsche, neben ihm ein Engel und Knecht Ruprecht.

Die Kinder jubelten, ihre kleinen Hände streckten sich der Kutsche entgegen, und der Nikolaus begann, die Stutenkerle zu verteilen.

Lulu fühlte, wie ihre Vorfreude wuchs. Lulu drängte sich durch die Menge der Kinder, ihre kleinen Hände fest an den Mantel eines Jungen vor ihr geklammert, um nicht umgeschubst zu werden. Sie wollte ihn sehen – den großen Mann mit der Mitra auf dem Kopf und dem goldenen Bischofsstab in der Hand. Sein Gewand leuchtete in der Dämmerung, und sein langer, weißer Bart schien im schwachen Licht der Laternen zu glühen.

Er war eine imposante Erscheinung, ein Hauch von Magie in der kühlen Dezembernacht.

Die anderen Kinder um sie herum sprangen aufgeregt auf und ab, reckten ihre Hände in die Luft und riefen: „Nikolaus, hier! Hier!" Lulu hob sich auf die Zehenspitzen, doch sie war zu klein, um über die Köpfe der anderen hinwegzusehen. Ihre Augen suchten fieberhaft nach dem leuchtenden Gewand, nach dem goldenen Glanz des Stabs.

Sie wollte ihn unbedingt sehen, ihn aus der Nähe betrachten und vielleicht sogar einen Stutenkerl bekommen, wie die anderen Kinder.

Doch die Menge war dicht, und Lulu wurde hin- und her geschubst. Ein Junge stieß sie versehentlich mit dem Ellbogen an, ein anderes Kind drängte sich an ihr vorbei.

Lulu verlor den Halt, stolperte, und fiel fast hin. Sie richtete sich schnell wieder auf, ihre Wangen glühten vor Anstrengung und Frustration, während ihre kleinen Hände in ihren Manteltaschen Schutz suchten.

Die Stimme des Nikolaus war tief und freundlich, als er die Kinder begrüßte. „Seid ihr auch alle brav gewesen?" fragte er, und die Menge antwortete mit einem lauten, freudigen „Ja!" Lulu öffnete den Mund, um mitzurufen, doch ihre Stimme war in ihrem Hals stecken geblieben. Sie war zu weit hinten, zu weit weg. Niemand hörte sie.

Als der Nikolaus begann, die Stutenkerle zu verteilen, reckten die Kinder ihre Arme hoch. Die süßen Hefemänner mit den kleinen weißen Tonpfeifen wurden schnell weitergereicht, und Lulu spürte die Hektik um sich herum. Sie versuchte, sich nach vorne zu drängen, ihre kleine Hand auszustrecken, doch sie wurde von der Menge immer weiter nach hinten gedrückt. Ihre Füße glitten auf dem schneebedeckten Boden, und schließlich blieb sie stehen, ihre Hände zitternd und leer.

Mit Tränen in den Augen wich Lulu aus der Menge zurück. Sie wischte sich hastig über die Wangen und versuchte, nicht zu schluchzen.

Um sie herum jubelten die anderen Kinder, hielten ihre Stutenkerle hoch und zeigten sie stolz den Erwachsenen. Lulu fühlte sich klein und unsichtbar, verloren in dem Trubel.

Und dann sah sie ihn.

Abseits der Menge, etwas weiter entfernt, stand ihr Vater. Sein Blick war ruhig, fast abwesend, und seine Hände steckten tief in den Taschen seines Mantels. Neben ihm stand eine Frau, die Lulu nicht kannte, mit einem Jungen, der an ihrer Seite stand und ihre Hand hielt. Lulu blieb wie angewurzelt stehen, ihre Tränen vergessen, während sie die Szene vor sich betrachtete.

Der Nikolaus und die Kinder verschwanden aus ihrem Blickfeld. Alles, was sie sah, war ihr Vater – und die Familie, die er nun anscheinend hatte. Sie wollte etwas sagen, wollte auf ihn zugehen, doch ihre Füße blieben wie festgenagelt.

„Papa," flüsterte sie, doch ihre Stimme ging im Getümmel der Menge unter.

Ihr Vater sah sie nicht. Sein Blick war auf etwas in der Ferne gerichtet, als wäre Lulu gar nicht da.

Sie fühlte die Kälte des Winters in ihrem Gesicht, doch es war nichts im Vergleich zu der Kälte, die sich in ihrem Inneren ausbreitete.

Langsam wandte sie sich ab, ihre kleinen Schritte schwer und müde, während sie durch den Schnee nach Hause ging.

Wenn Hoffnung erlischt:

Wann war ein Moment, in dem deine Hoffnungen zerbrochen sind?

Wie fühlt es sich für dich jetzt an, an diesen Moment zu denken?

Was hat dir damals geholfen, weiterzumachen?

Und was hat dir gezeigt, dass es immer noch Licht gibt – auch wenn du es jetzt vielleicht noch nicht siehst?

Seite für Notizen:

Platz für deine Gedanken, Erkenntnisse und Pläne

Kapitel 8: Die eigene Sonne

Die Tage nach dem Nikolausabend waren nicht nur kalt – sie waren schwer. Lulu fühlte sich, als hätte die Begegnung mit ihrem Vater einen Teil von ihr erlöschen lassen. Die Wärme, die sie einst in seiner Nähe gespürt hatte, war weg, und was blieb, war eine Stille, die lauter war als jedes Geräusch.

Sie war in sich zurückgezogen, sprach kaum noch, und wenn jemand sie fragte, wie es ihr ging, nickte sie nur, obwohl ihr Herz eine andere Sprache sprach. Es war ein Schmerz, den sie nicht beschreiben konnte – eine Leere, die sie umhüllte wie ein unsichtbarer Mantel.

Eines Nachmittags, als die Sonne tief am Horizont stand und das schwache Licht die kahlen Bäume in ein goldenes Schimmern tauchte, setzte sich Lulu mit ihrem Opa auf eine Holzbank vor dem Haus. Ihr Opa war ein stiller, bedächtiger Mann, der selten viel sprach, aber wenn er es tat, dann hatte jedes seiner Worte Gewicht. Er hatte bemerkt, wie still Lulu geworden war, wie sehr sie sich zurückzog, und an diesem Tag hatte er beschlossen, mit ihr zu sprechen.

Lulu saß neben ihm, ihre kleinen Beine baumelten von der Bank, während sie auf den gefrorenen Boden starrte. Nach einer Weile drehte sie sich zu ihm und fragte leise, ihre Stimme kaum mehr als ein Flüstern: „Opa, warum tun Menschen anderen Menschen weh?" Es war eine Frage, die aus der Tiefe ihrer Seele kam, eine Frage, die sie quälte und die sie nicht losließ.

Ihr Opa schaute sie an, sein Gesicht von den Jahren gezeichnet, aber seine Augen weich und voller Mitgefühl. Er legte seine große, raue Hand sanft auf ihre kleine Schulter und sagte: „Weißt du, Lulu, Gott hat uns den freien Willen gegeben. Jeder Mensch kann entscheiden, ob er das Gute wählt oder nicht. Manche Menschen vergessen das, sie vergessen, dass sie immer die Wahl haben. Aber du, mein kleines Mädchen, du hast diese Wahl. Entscheide dich immer für das Gute, und Gutes wird dir widerfahren."

Lulu schaute ihn lange an, ihre blauen Augen glitzerten vor aufkommenden Tränen. Seine Worte waren einfach, aber sie spürte die Wahrheit darin. Sie wollte ihm glauben, wollte daran glauben, dass es in ihrer Macht lag, etwas Gutes zu wählen, auch wenn die Welt um sie herum so dunkel schien.

Sie lehnte sich an ihn, fühlte die Wärme, die von ihm ausging, und für einen kurzen Moment war sie wieder ein kleines Mädchen, das sich geborgen fühlte. Der Schmerz, den sie trug, war noch da, aber die Worte ihres Opas ließen einen kleinen Funken Hoffnung in ihr aufkeimen. Vielleicht, nur vielleicht, konnte sie eines Tages die Welt sehen, die sie sich in ihren Träumen vorstellte – eine Welt voller Licht und Wärme.

In den Tagen danach begann Lulu, sich mit seinen Worten zu trösten. Jeden Morgen, wenn sie aufwachte, flüsterte sie sich selbst zu: „Heute wähle ich das Gute." Sie wusste nicht genau, was das bedeutete, aber allein der Gedanke daran half ihr, die Tage zu überstehen.

Sie schrieb diese Worte in ihr kleines Notizbuch, fügte neue Gedanken hinzu, die sie stark machten, wenn die Welt um sie herum zu schwer wurde.

„Ich kann wählen."

„Das Gute wird immer stärker sein."

„Ich bin nicht allein."

In diesen einfachen Sätzen fand Lulu Trost. Sie wusste, dass sie die Welt nicht ändern konnte, aber sie konnte entscheiden, wie sie darauf reagierte.

Die Worte ihres Opas wurden zu einer leisen Melodie, die in ihrem Herzen spielte, und sie hielt sich daran fest, wenn die Dunkelheit drohte, sie zu überwältigen.

Das Gespräch mit ihrem Opa war der Anfang von etwas Neuem. Es war der erste Schritt auf einem langen Weg – ein Weg, der sie zu der Erkenntnis führen würde, dass die Macht, die sie suchte, immer in ihr gewesen war.

Doch an diesem Tag, mit den Worten ihres Opas in ihrem Herzen, war es genug, einfach zu wissen, dass sie wählen konnte. Und das gab ihr die Kraft, weiterzumachen.

Der Moment der Entscheidung – Mut zur Veränderung

Lulu stand an einem Wendepunkt. Ihr Opa gab ihr den Schlüssel: Sie konnte entscheiden, wie sie auf das Leben reagiert. Wann warst du das letzte Mal an so einem Punkt? Welche Entscheidung hast du getroffen? Und wenn du sie noch nicht getroffen hast – was hält dich zurück?

Reflexionsimpuls: Was hält dich zurück?

Gibt es eine Entscheidung in deinem Leben, die du lange hinausgezögert hast? Was hält dich davon ab, sie zu treffen? Schreibe die Gedanken auf, die dich blockieren, und frage dich: *Sind diese Ängste wirklich wahr oder nur alte Überzeugungen?*

Praxisübung: Die Entscheidung treffen

Schließe die Augen und stelle dir vor, du hast die Entscheidung bereits getroffen. Wie fühlt sich das an? Welche Emotionen durchfluten dich? Wenn du spürst, dass es sich richtig anfühlt, dann setze heute einen kleinen Schritt in diese Richtung. Auch eine große Veränderung beginnt mit einem ersten, kleinen Schritt.

Umgang mit Triggern und emotionalen Rückfällen

- Erstelle eine Liste mit Situationen, die dich emotional triggern.

- Überlege, wie du in Zukunft sanft mit diesen Momenten umgehen kannst.

- Entwickle eine Notfallstrategie, um dich in herausfordernden Zeiten selbst zu stabilisieren (z. B. Atemübungen, Spaziergänge, ein beruhigendes Ritual).

Seite für Notizen:

Platz für deine Gedanken, Erkenntnisse und Pläne

Kapitel 9: Der Weg nach vorne

Lulu war mittlerweile elf Jahre alt, und die stürmischen Jahre ihrer Kindheit hatten ihre Spuren hinterlassen. Doch mit jedem Tag, der verging, wurde ihr klar, dass sie nicht in der Vergangenheit gefangen bleiben wollte. Sie war entschlossen, ihren eigenen Weg zu finden, auch wenn sie noch nicht genau wusste, wie dieser aussehen würde.

Der Umzug in ein neues Zuhause brachte viele Veränderungen mit sich. Ein neuer Mann trat in das Leben ihrer Mutter, und mit ihm kam ein kompletter Neuanfang. Neue Möbel wurden gekauft, alte Dinge verschwanden. Lulu wusste nicht genau, wann es passiert war, aber irgendwann fiel ihr auf, dass ihre Puppe nicht mehr da war. Sie fragte nicht danach. Vielleicht hatte sie selbst unbewusst gelernt, dass manche Dinge einfach verschwinden, ohne dass man eine Erklärung bekommt.

Doch es war nicht nur die Puppe, die fehlte. Die Vergangenheit wurde stückweise ausradiert – so fühlte es sich zumindest an. Das alte Zuhause, das, obwohl es oft schmerzhaft gewesen war, doch vertraut war, wurde hinter ihr gelassen. Ihre Mutter richtete alles neu ein, als wollte sie die Geschichte, die sie dort gelebt hatten, endgültig abschließen. Lulu verstand, dass dies für ihre Mutter vielleicht ein Neubeginn war. Aber für sie selbst fühlte es sich an, als würde ein weiteres Stück von ihr verschwinden.

In jenem Jahr, an Weihnachten, bekam sie einen neuen Begleiter: einen dunkelbraunen Teddy. Er war weich und warm, und sie nannte ihn Michael. Es war nicht dasselbe wie ihre Puppe, aber Michael wurde schnell ihr Vertrauter. Ihre große Schwester häkelte ihm eine gelbe Latzhose und einen roten Pullover mit einem großen „M" darauf. Michael wurde nicht einfach ein Stofftier – er wurde ihr Verbündeter, ihr Zuhörer, ihr Trostspender in all den stillen Momenten, in denen niemand sonst da war.

Sie sprach mit ihm, erzählte ihm ihre Sorgen, ihre Ängste, ihre Träume. Er hörte zu, klagte nicht, und er ging nicht einfach weg. Er war ihr erstes eigenes Stück Sicherheit in einer Welt, die oft so unberechenbar schien.

Die Tage in der Schule wurden zu einer Art Zuflucht für Lulu. Dort war sie nicht „das Mädchen aus der kaputten Familie", sondern einfach Lulu. Sie liebte es zu lernen und sich in den Geschichten zu verlieren, die ihre Lehrer erzählten. Besonders in den Geografie- und Geschichtsstunden träumte sie von fernen Ländern, von Abenteuern in exotischen Kulturen und von einer Welt, die größer war als die kleine Stadt, in der sie lebte. In ihrem Inneren begann sie, eine Karte zu zeichnen – eine Karte ihrer Träume, ihrer Ziele und all der Orte, die sie eines Tages sehen wollte.

Doch es gab immer noch die Abende, die schwer auf ihr lasteten. Nach der Schule kehrte sie in ein Haus zurück, das oft von Stille oder Spannung erfüllt war. Ihre Mutter arbeitete hart, um für die Familie zu sorgen, und war oft zu erschöpft, um sich mit Lulu und ihren Geschwistern zu beschäftigen. Lulu verstand das, aber es machte die Einsamkeit nicht leichter. Sie zog sich zurück in ihr Zimmer, wo sie Michael an sich drückte und in ihr kleines Notizbuch schrieb. Es war ihr sicherer Hafen, der Ort, an dem sie träumen und planen konnte.

In diesen Momenten begann Lulu, sich selbst Fragen zu stellen: *Was will ich wirklich vom Leben? Was bedeutet es, glücklich zu sein? Und wie kann ich das erreichen?* Diese Fragen waren groß für ein elfjähriges Mädchen, aber Lulu wusste, dass sie wichtig waren. Sie schrieb sie in ihr Notizbuch und begann, nach Antworten zu suchen.

Eines Tages, als sie wieder allein in ihrem Zimmer saß, fiel ihr Blick auf ein altes Poster, das sie von ihrer Schwester bekommen hatte. Es zeigte einen Surfer, der auf einer riesigen Welle ritt, die von der Sonne beleuchtet wurde. Lulu konnte sich nicht erklären, warum, aber das Bild faszinierte sie. Es war, als würde der Surfer durch das Chaos der Welle tanzen, frei und unerschütterlich. Sie wollte genauso frei sein wie er.

Von diesem Moment an begann Lulu, sich vorzustellen, wie es wäre, eines Tages auf einer Welle zu stehen, den Wind im Gesicht zu spüren und die Freiheit zu erleben, die sie sich so sehr wünschte. Es war ein Traum, der sie motivierte, weiterzumachen, auch wenn die Tage dunkel waren.

Sie beschloss, dass sie eines Tages surfen lernen würde – nicht, weil sie es musste, sondern weil sie es wollte. Es war ihre Art, der Welt zu zeigen, dass sie stark genug war, um ihre eigenen Wellen zu reiten.

Doch der Weg nach vorne war nicht immer leicht. Lulu spürte, dass ihre Vergangenheit sie oft zurückzog, dass die Narben ihrer Kindheit wie unsichtbare Fesseln waren, die sie daran hinderten, sich frei zu fühlen. Sie kämpfte mit diesen Gefühlen, doch jedes Mal, wenn sie fiel, erinnerte sie sich an das Bild des Surfers. *„Wenn er es kann, kann ich es auch,"* flüsterte sie sich selbst zu.

Mit der Zeit begann Lulu, kleine Schritte zu machen, um ihre Träume in die Realität umzusetzen. Sie las Bücher über fremde Länder, lernte neue Wörter in verschiedenen Sprachen und träumte von den Geschichten, die sie eines Tages selbst erzählen würde. Sie wusste, dass es ein langer Weg war, aber sie war bereit, ihn zu gehen.

Neue Schritte wagen:

Erinnere dich an einen Moment, in dem du trotz Angst und Unsicherheit einen Schritt nach vorne gemacht hast.

Was hast du damals gespürt?

Was hat dir den Mut gegeben?

Wann hast du das letzte Mal diesen Mut in dir gespürt – und wie kannst du ihn zurückholen?

Seite für Notizen:

Platz für deine Gedanken, Erkenntnisse und Pläne

Kapitel 10: Die erste Freiheit

Der Sommer, in dem Lulu das Windsurfen entdeckte, begann mit einer leisen Unruhe. Sie war fünfzehn Jahre alt, und die Schwere ihrer Kindheit lastete noch immer auf ihr, als trüge sie einen unsichtbaren Rucksack voller Steine. Es war eine Last aus Erinnerungen, aus geflüsterten Gedanken und tief sitzender Unsicherheit.

Ihre Mutter bemerkte es.

„Lulu, geh raus. Atme die frische Luft. Du bist zu jung, um die Welt nur aus einem Fenster zu betrachten," sagte sie eines Morgens, während sie in der Küche Brot schnitt.

Lulu zuckte mit den Schultern und murmelte ein widerwilliges *„Okay",* doch tief in ihrem Inneren spürte sie, dass ihre Mutter recht hatte.

Ein paar Tage später kam eine Nachbarin auf sie zu.

„Wir könnten deine Hilfe gebrauchen. Wir betreiben eine Surfschule am See. Könntest du auf die Kinder aufpassen?"

Lulu stimmte zu. Sie mochte Kinder, und der Gedanke, dem Haus zu entkommen und ein bisschen Geld zu verdienen, war verlockend. Aber sie hatte keine Ahnung, dass dieser Sommer alles verändern würde.

Es war der Ruf des Windes.

Als sie zum ersten Mal den See erreichte, fühlte es sich an wie eine andere Welt. Die Sonne tanzte auf dem Wasser, das in allen Blau- und Grüntönen schimmerte. Menschen lachten, Surfbretter leuchteten in bunten Farben, und der Wind spielte in den Segeln. Lulu atmete tief ein. Die frische Luft fühlte sich wie ein Versprechen an.

Während sie die Kinder beaufsichtigte, wanderte ihr Blick immer wieder zu den Surfern, die scheinbar mühelos über das Wasser glitten. Sie sah ihre Freude, hörte ihr Lachen, und etwas in ihr begann sich zu bewegen – ein leises Flüstern, das sagte: *„Das will ich auch."*

Es war ein Gefühl, das sie kannte. Sie erinnerte sich an den Wind auf ihrer Haut, als sie als kleines Mädchen vorne auf dem Fahrrad ihrer Tante saß.

Wie sie nach anfänglicher Angst die Augen geschlossen und die Arme ausgebreitet hatte, während der Fahrtwind sie umhüllte.

Das hier war dasselbe Gefühl – nur größer.

Eines Tages, als sie wieder zusah, kam der Besitzer der Surfschule auf sie zu. Er war ein freundlicher Mann mit wettergegerbter Haut und einem Hut, der viel zu groß für ihn war.

„Warum probierst du es nicht aus?" fragte er, während er ein Brett auf den Sand legte.

Lulu schüttelte den Kopf. *„Ich bin nicht gut in sowas,"* sagte sie zögernd.

Doch er lachte.

„Das spielt keine Rolle. Es geht nicht darum, perfekt zu sein. Es geht darum, es zu versuchen."

Ein paar Tage später stand Lulu zum ersten Mal auf einem Surfbrett. Das Wasser war kühl, das Brett wackelte, und ihre Knie zitterten, als sie versuchte, aufzustehen. Und plötzlich geschah es – für einen Wimpernschlag hielt sie das Gleichgewicht. Sie spürte den Wind in ihrem Gesicht, das Wasser unter ihren Füßen. Es fühlte sich an, als hätte jemand eine Tür aufgestoßen – eine Tür zu ihrer eigenen Freiheit.

Dann fiel sie ins Wasser, prustete und lachte laut.

Und in diesem Moment war sie glücklich.

Von da an war Lulu jeden Tag am See. Sie übte, fiel ins Wasser, stand wieder auf und genoss jeden einzelnen Versuch. Die Familie der Surfschule nahm sie auf wie eine von ihnen. Der Besitzer lobte sie, wenn sie Fortschritte machte, und ermutigte sie, weiterzumachen.

Zum ersten Mal fühlte Lulu sich angenommen, als gehöre sie wirklich irgendwohin.

Es war, als würde sie endlich das Leben führen, das sie sich immer erträumt hatte.

„Du hast Talent," sagte der Besitzer eines Tages, als Lulu ein besonders schwieriges Manöver erfolgreich meisterte.

„Warum machst du nicht den Instruktorenschein?"

Lulu lachte ungläubig.

„Meinen Instruktorenschein? Ich?"

Doch er meinte es ernst.

Mit sechzehn Jahren begann Lulu ihre Ausbildung zur Windsurfing-Instruktorin – ein Abenteuer, das sie nach Kappeln an die Schlei führte.

Die Reise dorthin war bereits aufregend. Es war das erste Mal, dass sie alleine so weit weg war. Der Gedanke, die Jüngste in der Gruppe zu sein, machte sie nervös, aber zugleich war da eine leise Aufregung in ihrem Herzen.

„Du schaffst das."

Als sie in Kappeln ankam, wurde Lulu von den anderen Teilnehmern freundlich empfangen. Viele waren älter, erfahrener und kannten sich bereits in der Windsurfing-Szene aus. Doch statt sich klein zu fühlen, bemerkte Lulu, wie viel Unterstützung sie von Anfang an erhielt. Ihre Mitstreiter halfen ihr, sich zurechtzufinden, gaben Tipps und ermutigten sie, wenn Unsicherheiten aufkamen.

Die Schulung war intensiv. Jeder Tag begann früh, mit praktischen Übungen auf dem Wasser und theoretischen Einheiten im Seminarraum. Lulu lernte, wie man Bewegungsabläufe erklärt, wie man Fehler analysiert und wie man andere motiviert.

Doch das Schwierigste war, vor der Gruppe zu sprechen.

Als es das erste Mal an der Reihe war, eine Theorieeinheit zu halten, klopfte ihr Herz so laut, dass sie dachte, es würde jeder hören.

Mit zitternder Stimme begann sie zu sprechen. Doch nach den ersten Sätzen wurde sie ruhiger. Sie spürte, wie die anderen aufmerksam zuhörten, wie sie ihre Worte ernst nahmen.

Diese Erfahrung war überwältigend. Es war, als hätte jemand einen Vorhang beiseite gezogen, hinter dem sie ihre eigene Stärke entdecken konnte.

Ein besonderer Moment der Erkenntnis. war, als die Ausbilder begannen, ihre Präsentationen und Praxisübungen auf Video aufzuzeichnen.

Als Lulu das erste Mal die Aufnahmen sah, stockte ihr der Atem.

Sie erkannte sich selbst – nicht nur als die junge Frau, die sie im Spiegel sah, sondern als jemanden, der stark und fähig war.

Ihre Stimme klang klar, ihre Bewegungen selbstbewusst.

Es war, als würde sie sich zum ersten Mal mit den Augen eines anderen betrachten – und sie gefiel, was sie sah.

Die Woche in Kappeln verging wie im Flug. Die Abende verbrachte die Gruppe oft zusammen, erzählte sich Geschichten, lachte und tauschte Erfahrungen aus.

Lulu fühlte sich zum ersten Mal in ihrem Leben als Teil einer Gemeinschaft, die sie annahm, wie sie war.

Diese Akzeptanz, gepaart mit dem Stolz, ihre eigenen Fähigkeiten wachsen zu sehen, erfüllte sie mit einer tiefen Zufriedenheit.

Als der letzte Tag der Schulung kam, stand Lulu am Ufer der Schlei.

Das Wasser glitzerte in der Sonne, und der Wind spielte mit ihrem Haar.

In der Hand hielt sie ihr Zertifikat – der Beweis, dass sie es geschafft hatte.

Ein Gefühl von Glück, Stolz und Kraft durchströmte sie, wie sie es nie zuvor gespürt hatte.

Sie dachte an all die Momente, in denen sie sich klein und unbedeutend gefühlt hatte, und nun wusste sie, dass sie weit mehr war, als sie sich je zugetraut hätte.

Die Freiheit, die sie auf dem Wasser gespürt hatte, war zu einem Teil ihrer Seele geworden.

Es war mehr als nur eine sportliche Fähigkeit – es war die Erkenntnis, dass sie ihr Leben selbst gestalten konnte.

Sie war stark. Sie war fähig.

Und sie war bereit, die Welt mit offenen Armen zu empfangen.

Die Begegnung mit der inneren Wahrheit

Auf dem Wasser spürte Lulu, dass sie mehr ist als ihre Vergangenheit. Vielleicht hast du auch schon einmal einen Moment erlebt, in dem du wusstest: „Das bin ich."

Wann hast du das letzte Mal in dich hineingehört? Welche Wahrheit flüstert dein Herz dir zu?

Übung: Verbindung mit der inneren Weisheit

Finde einen ruhigen Ort, lege eine Hand auf dein Herz und atme tief ein. Stelle dir eine Frage, die dich beschäftigt, und warte auf die Antwort, die aus deinem Inneren kommt – nicht aus deinem Verstand, sondern aus deiner Intuition.

Vertraue darauf, dass du die Antwort bereits kennst.

Selbstliebe als tägliche Praxis

- Erstelle eine Liste mit kleinen Dingen, die dir Freude bereiten.

- Baue eine dieser Handlungen täglich in dein Leben ein.

- Erkenne, dass Selbstliebe in den kleinen, bewussten Momenten liegt.

Seite für Notizen:

Platz für deine Gedanken, Erkenntnisse und Pläne

Kapitel 11: Die Welt ruft

Mit sechzehn Jahren hatte Lulu zum ersten Mal das Gefühl, wirklich frei zu sein. Der Wind in ihren Haaren, die Sonne auf ihrer Haut und das Gefühl, über das Wasser zu gleiten – all das hatte ihr eine neue Welt eröffnet. Doch es war nicht nur das Surfen, das sie so sehr faszinierte. Es war die Idee von etwas Größerem. Lulu spürte, dass die Welt weit und voller Möglichkeiten war, und sie wollte sie entdecken.

In den Monaten nach ihrer Ausbildung zur Windsurfing-Instruktorin begann Lulu, ernsthaft über ihre Zukunft nachzudenken. Während andere in ihrem Alter Pläne für das Abitur schmiedeten oder sich um Ausbildungsplätze bemühten, träumte Lulu von Reisen, Abenteuern und fremden Kulturen. Sie wollte die Welt sehen, neue Sprachen lernen und sich selbst beweisen, dass sie mehr konnte, als man ihr jemals zugetraut hatte.

Doch da war diese leise Stimme in ihr – eine Stimme, die nicht aus Abenteuerlust sprach, sondern aus Verantwortung. Was würde mit ihrer Mutter passieren? Würde sie es ihr erlauben? Und würde Lulu es überhaupt ertragen, sie zurückzulassen?

Es war ihre Großtante, die ihr half, diese Zweifel zu überwinden.

Lulus Großtante, ein besonderer Mensch – die Zwillingsschwester ihres Opas – war eine warmherzige, tatkräftige Frau. Sie war eine der wenigen Menschen in Lulus Leben, bei der sie sich wirklich sicher fühlte. Schon seit Lulus Kindheit hatte sie ihr Halt gegeben, mit ihr gebacken, Briefe ausgetauscht und sie mit kleinen Belohnungen überrascht, wenn sie ihr stolz ihre Schulnoten schickte.

Besonders nach den Zeugnissen kam ihre Großtante manchmal zu Besuch und nahm Lulu mit in die Stadt. Sie gingen gemeinsam einkaufen, und Lulu durfte sich neue Kleidung oder Schuhe aussuchen. Danach setzten sie sich in eine Eisdiele, und Lulu erzählte ihr alles – über die Schule, ihre Träume, ihre Pläne.

Es war bei einem dieser Treffen, als Lulu ihr zum ersten Mal von Griechenland erzählte.

„Ich will ans Meer," sagte sie mit leuchtenden Augen. „Ich will dort arbeiten, Menschen das Surfen beibringen, in der Sonne leben... Ich weiß, dass das mein Weg ist."

Ihre Großtante sah sie einen Moment lang prüfend an. Dann legte sie eine Hand auf Lulus. „Und was hält dich zurück?"

Lulu blickte auf ihren Löffel, rührte in der geschmolzenen Schokolade auf ihrem Eisbecher. „Meine Mutter... Ich weiß nicht, ob sie es mir erlaubt. Und... ich fühle mich verantwortlich. Sie war immer krank, ich bin es gewohnt, auf sie aufzupassen. Was, wenn sie mich braucht?"

Ihre Großtante schwieg einen Moment. Dann seufzte sie leise. „Lulu, hör mir zu," sagte sie mit einer Stimme, die sowohl sanft als auch bestimmt war. „Es ist Zeit, dass du endlich an dich denkst."

Lulu hob den Blick.

„Ich rede mit deiner Mama", versprach ihre Großtante sanft. „Du musst diesen Kampf nicht allein führen. Und vor allem musst du dich nicht schuldig fühlen, weil du deinen eigenen Weg gehen willst."

Lulu spürte, wie sich ein Knoten in ihrer Brust löste. Es war, als hätte sie zum ersten Mal die Erlaubnis, wirklich für sich selbst zu entscheiden.

„Du bist noch keine achtzehn," sagte ihre Mutter und sah Lulu mit einem Blick an, der zwischen Sorge und Unglauben schwankte. „Wie stellst du dir das vor? Griechenland? Ganz allein? Was, wenn etwas passiert?"

Lulu konnte die Sorge in den Augen ihrer Mutter sehen, doch sie blieb beharrlich.

„Mama, ich habe immer davon geträumt," sagte sie leise. „Seit ich klein bin, rede ich davon, die Welt zu sehen. Bitte nimm mir das nicht weg."

Tatsächlich hielt ihre Großtante Wort. Wenige Tage später sprach sie mit Lulus Mutter, und das Gespräch hatte eine Wirkung. Ihre Mutter war zunächst skeptisch, doch die Worte ihrer Tante schienen ihr etwas von der Angst zu nehmen.

Nach ein paar Tagen des Nachdenkens gab ihre Mutter schließlich nach. „Ich will nur, dass du glücklich bist," sagte sie, und zum ersten Mal spürte Lulu eine tiefe Verbindung zu ihr. Es war, als hätte sie sie mit ihrem Traum erreicht, als hätte sie gezeigt, dass sie bereit war, ihre eigenen Entscheidungen zu treffen.

Die Wochen bis zu ihrer Abreise waren eine Mischung aus Vorfreude und Nervosität. Lulu verbrachte die Tage damit, Listen zu schreiben, Koffer zu packen und sich von Freunden zu verabschieden. Doch tief in ihrem Inneren fühlte sie sich, als würde sie nicht nur ihr Zuhause verlassen, sondern auch einen Teil ihrer Vergangenheit hinter sich lassen. Es war, als würde sie einen Neuanfang wagen – einen Schritt in ein Leben, das wirklich ihr eigenes war.

Der Tag ihrer Abreise kam schneller, als Lulu erwartet hatte. Es fühlte sich unwirklich an – all die Jahre des Träumens, des Wartens, der Zweifel, und nun stand sie hier, mit einem Koffer in der Hand, an der Schwelle zu einem neuen Leben.

Ihre Mutter und ihr Stiefvater hatten sie zum Flughafen gebracht. Lulu hatte nie zuvor ein Flugzeug von innen gesehen, und während sie durch die riesige Halle voller Anzeigetafeln, Stimmengewirr und eilender Menschen ging, spürte sie, wie sich eine Mischung aus Aufregung und Unsicherheit in ihr breit machte.

Sie war dabei, ihr Zuhause hinter sich zu lassen – ein Zuhause, das sich nie wirklich wie eines angefühlt hatte, und doch war es das Einzige, was sie kannte.

Ihre Mutter stand neben ihr, sichtlich angespannt, während ihr Stiefvater mit verschränkten Armen hinter ihnen wartete. Lulu konnte die Tränen in den Augen ihrer Mutter sehen, auch wenn sie versuchte, sie zu verbergen.

„Pass auf dich auf," sagte ihre Mutter schließlich, während sie Lulu in eine feste Umarmung zog. Lulu schloss kurz die Augen und spürte die Wärme – eine Wärme, die sich seltsam fremd anfühlte, weil sie sie viel zu selten gespürt hatte.

Für einen Moment wollte sie alles abblasen, einfach zurückgehen, sich noch nicht verabschieden müssen. Doch dann sah sie ihre Großtante vor sich – das liebevolle Lächeln, den Blick, der sagte: *Du schaffst das. Jetzt ist es an der Zeit.*

Lulu nickte leicht, löste sich aus der Umarmung und atmete tief durch.

Dann war es soweit.

Sie durchquerte die Sicherheitskontrolle, drehte sich noch einmal um und winkte. Ihre Mutter winkte zurück, ihre Haltung angespannt, ihr Blick voller Emotionen, die sie nicht aussprach.

Mit einem letzten Blick zurück durchquerte Lulu das Gate – und ließ ihr altes Leben hinter sich.

Ihr Herz schlug schneller, als sie das Flugzeug sah. Es war riesig. Gewaltig. Wie ein Vogel aus Metall, bereit, sie in eine Welt zu tragen, die sie nur aus Büchern und Tagträumen kannte.

Als sie auf ihrem Platz saß, die Anschnallzeichen über ihr aufleuchteten und das Brummen der Triebwerke lauter wurde, spürte sie, wie ein Teil von ihr für immer in diesem Moment festgehalten wurde.

Dann hob das Flugzeug ab.

Lulu drückte ihre Nase an das Fenster und sah zu, wie die Welt unter ihr kleiner wurde. Häuser, Straßen, Wälder – alles schrumpfte, bis es nur noch Muster war.

Und mit jedem Meter, den sie stieg, wurde auch das Gewicht auf ihrer Brust leichter.

Sie flog.

Zum ersten Mal in ihrem Leben flog sie wirklich.

Und die Welt, die auf sie wartete, lag in endloser Weite vor ihr.

Der erste große Schritt:

Erinnerst du dich an einen Moment, in dem du eine Entscheidung getroffen hast, die alles verändert hat?

Was hast du dabei gefühlt?

Wie hast du das Loslassen des Vertrauten erlebt?

Und wann hast du das letzte Mal den Mut aufgebracht, dich ins Unbekannte zu wagen?

Seite für Notizen:

Platz für deine Gedanken, Erkenntnisse und Pläne

Kapitel 12: Das Leben unter der Sonne

Lulu stand an Deck eines kleinen Motorboots und spürte die warme griechische Sonne auf ihrer Haut. Der Wind spielte mit ihrem Haar, und das salzige Aroma des Meeres lag in der Luft. Vor ihr erstreckte sich das türkisfarbene Wasser, weit und unendlich, als wäre es ein Versprechen, das nur darauf wartete, eingelöst zu werden.

Freiheit.

Es war das erste Mal in ihrem Leben, dass dieses Wort nicht nur ein ferner Traum war, sondern eine greifbare Realität.

Hier, auf Kreta, schien jeder Tag wie eine Einladung an das Leben selbst zu sein. Die Morgendämmerung brachte das goldene Licht über die Berge, das sich sanft auf die Wasseroberfläche legte. Der Wind begann bereits früh zu tanzen, als wäre er ungeduldig, Lulu hinaus auf die Wellen zu locken. Und jeden Abend malte die untergehende Sonne den Horizont in Rot- und Orangetönen, als wollte sie sagen:

„Du hast heute gelebt, Lulu. Wirklich gelebt."

Lulu hatte eine Stelle in einer kleinen Wassersportschule gefunden. Sie wohnte in einem schlichten Zimmer mit weißen Wänden, einer alten hölzernen Balkontür, die zum Meer zeigte, und einem Bett, das nach Salz und Sonne roch. Mehr brauchte sie nicht.

Jeden Tag zog sie sich ihren Neoprenanzug über, fühlte den Sand unter ihren Füßen, hörte das Rauschen der Wellen. Sie unterrichtete Touristen im Windsurfen, half Anfängern, das Gleichgewicht zu finden, zeigte Kindern, wie sie mit dem Wind spielen konnten, anstatt gegen ihn zu kämpfen.

„Der Wind ist kein Feind," sagte sie oft mit einem Lächeln. „Er ist dein Tanzpartner. Lass ihn führen."

Jeden Tag war sie auf dem Wasser. Sie lernte die Eigenheiten der Winde, spürte, wie sie mit ihnen verschmolz, als wären sie ein Teil von ihr. Es gab Momente, in denen sie alleine draußen war, weit entfernt vom Ufer, nur sie, das Brett und die Wellen.

Dann war sie frei.

Frei von der Vergangenheit. Frei von den Stimmen in ihrem Kopf, die ihr einst sagten, sie sei nicht genug.

Die Wassersportschule war mehr als nur ein Arbeitsplatz – sie war eine neue Familie.

Es war ein bunter Haufen von Abenteurern, Reisenden, Einheimischen und Menschen, die – genau wie Lulu – einen Ort suchten, an dem sie einfach *sein* konnten.

Da war Elena aus Italien, die mit ihrem Lachen ganze Strände füllte. Da war Markus aus Deutschland, der in einem alten VW-Bus lebte und jeden Morgen mit einer Kanne Kaffee am Strand saß. Da war Dimitris, der Wellen wie Gedichte beschrieb und sagte, dass jeder Windhauch eine Geschichte zu erzählen hatte.

Lulu fühlte sich zum ersten Mal wirklich zugehörig.

Nachts saßen sie oft am Lagerfeuer, die Füße im warmen Sand, während das Meer in sanften Wellen den Strand küsste. Jemand spielte Gitarre, es wurden Geschichten erzählt, Lieder gesungen.

Lulu lehnte sich oft zurück, spürte den Sand unter sich und blickte in den weiten Sternenhimmel.

Hier war sie nicht *die* Lulu, die sich anpassen musste. Nicht *die* Lulu, die sich entschuldigen musste, nur weil sie existierte.

Hier war sie einfach Lulu.

Und das reichte.

Eines Nachmittags, als der Wind besonders stark war, nahm sie sich ein Surfbrett und paddelte hinaus, weiter als sonst. Die Wellen waren kraftvoll, das Wasser rau, aber Lulu wusste, wie sie damit umgehen musste. Sie stand auf dem Brett, spürte den Wind in ihrem Segel, ließ sich treiben.

Und plötzlich kam die Erinnerung.

Das Fahrrad.

Der warme Sommerwind in ihrem Gesicht.

Die weit ausgebreiteten Arme.

Das Gefühl, zu fliegen.

Lulu schloss für einen Moment die Augen, während das Segel sich füllte und sie mit sich riss.

Hier war es wieder – das Gefühl von damals, als sie sich das erste Mal traute, loszulassen.

Es war derselbe Wind, nur auf eine andere Weise.

Er hatte sie begleitet. Von den engen Straßen ihres Kindheitsdorfes bis hierher, in die Weite des Meeres.

Er hatte sie nie verlassen.

In den stillen Momenten, wenn sie alleine am Strand saß und auf das endlose Meer blickte, dachte sie oft an die kleine Lulu von früher.

Sie stellte sich vor, wie sie neben sich saß, mit großen Augen und voller Fragen.

„Warum haben sie mich nicht gewollt?"

„Warum war ich nicht genug?"

Lulu lächelte sanft.

„Wir haben es geschafft," flüsterte sie leise, als wollte sie ihrem jüngeren Selbst Mut zusprechen. „Wir haben es hierher geschafft."

Es war keine Entschuldigung, kein billiger Trost. Es war die Wahrheit.

Und zum ersten Mal fühlte Lulu, dass die kleine Lulu nicht mehr allein war.

Kreta war die Insel des Windes – und für Lulu wurde es die Insel der Freiheit.

Hier war alles intensiver. Die Sonne brannte stärker, das Wasser glitzerte heller, der Wind war unberechenbarer. Lulu liebte jede Sekunde. Sie segelte über das Wasser, tanzte mit den Wellen, ließ sich vom Wind treiben, als wäre er ein alter Freund, der sie sicher durch ihr Leben führte.

Hier, unter der kretischen Sonne, fühlte sie sich mehr denn je mit sich selbst verbunden.

Sie war nicht mehr das kleine Mädchen, das in der Dunkelheit weinte.

Sie war nicht mehr die junge Frau, die nach ihrer eigenen Stärke suchte.

Sie war Lulu.

Und zum ersten Mal war das genug.

Das Leben spüren

In Kreta hat Lulu das Leben in seiner ganzen Intensität gespürt.

Wann hast du zuletzt so einen Moment erlebt?

Was hält dich davon ab, öfter so zu fühlen?

Lass uns gemeinsam überlegen, wie du dein Leben wieder mehr spüren kannst.

Seite für Notizen:

Platz für deine Gedanken, Erkenntnisse und Pläne

Kapitel 13: Der Kreis schließt sich

Der November war kalt, als Lulu nach Deutschland zurückkehrte. Kälter als sie es in Erinnerung hatte. Oder lag es daran, dass sie keinen richtigen Ort mehr hatte, an dem sie ankommen konnte?

Am Flughafen stand ihre Mutter, doch es gab keine offenen Arme, kein warmes Lächeln, keine Fragen nach ihrem Wohlbefinden. Nur ein kühles Nicken, als wäre sie eine entfernte Bekannte, die man widerwillig abholen musste.

Die Fahrt verlief schweigend. Lulu saß neben ihr im Auto, die Hände schützend auf ihren Bauch gelegt. Ihr Kind – das einzige Wesen auf dieser Welt, das ganz und gar zu ihr gehörte. Das einzige, das sie nicht fortstoßen würde.

Lulu wagte nicht zu fragen, ob sie wieder nach Hause kommen durfte. Sie wusste bereits die Antwort.

Ihr Zimmer, ihr früherer Zufluchtsort, existierte nicht mehr. Das Haus ihrer Mutter war längst nicht mehr ihr Zuhause. Schon vor Jahren hatte ihre Mutter entschieden, dass es für Lulu keinen Platz mehr gab. Als Lulu nach der ersten Surfsaison im Winter zu Besuch kam, hatte ihre Mutter beiläufig gesagt:

„Dein Zimmer wird jetzt Esszimmer. Aber du kannst ja in den Keller ziehen."

Der Keller.

Dorthin, wo es kalt und dunkel war.

Dorthin, wo die Erinnerungen an ihre Kindheit noch immer in den Schatten lauerten.

Nie wieder.

Als Lulu jetzt vor der Haustür stand, hoffte sie, dass ihre Mutter es sich anders überlegt hatte. Dass sie sie dieses Mal nicht wieder fortschicken würde.

Doch ihre Mutter schaltete den Motor aus, ließ Lulu mit ihrem Koffer aussteigen und sagte nur:

„Hier sind wir. Du kannst bei deiner Freundin bleiben."

Lulu sah sie an, suchte in ihrem Gesicht nach irgendetwas – einem Anzeichen, dass sie es nicht so meinte. Dass sie sich sorgen würde. Dass sie bereute, sie nicht ins Haus zu lassen.

Doch ihre Mutter sah sie nicht an.

Lulu kannte dieses Gefühl.

Das Gefühl, weggestoßen zu werden.

Sie wollte es nicht, aber sie nahm es hin.

Zum wievielten Mal in ihrem Leben wurde sie von ihrer Mutter fortgeschickt?

Lulu schloss die Finger fester um den Griff ihres Koffers, atmete tief durch und nickte.

„Danke, dass du mich gefahren hast."

Ihre Mutter sagte nichts mehr, drehte sich um und fuhr davon.

Lulu stand allein vor dem Haus ihrer Freundin.

Doch auch hier schloss sich eine Tür, bevor sie sich richtig öffnen konnte.

„Ich kann dich nicht aufnehmen. Eine schwangere, unverheiratete Frau mit einem Kind von einem schwarzen Soldaten – das kann ich meinen Nachbarn nicht erklären."

Lulu starrte sie an.

Hatte sie sich verhört?

Doch das Gesicht der Freundin war hart, unnachgiebig.

Die Worte hallten nach. Sie sprachen nicht nur von Lulu, sondern auch von dem Kind, das sie erwartete. Ein Kind, dessen Vater ein amerikanischer GI war, stationiert auf Kreta. Ein Mann mit dunkler Haut – und das allein war für manche Menschen schon Grund genug für Ablehnung.

Lulu fühlte, wie ihr Magen sich zusammenzog. Wie die vertraute Kälte wieder in ihre Knochen kroch.

Wo sollte sie hin?

Wo war ihr Zuhause?

Sie hatte geglaubt, dass die Welt sich weitergedreht hatte, während sie fort war. Dass sie nun, wo sie zurückkehrte, ihren Platz finden würde. Doch sie hatte sich geirrt.

Wieder allein.

Wieder nichts.

Der einzige Mensch, an den sie sich noch wenden konnte, war ihr großer Bruder. Der Einzige, der ihr immer ein Gefühl von Familie gegeben hatte. Lulu rief ihn an, ihre Stimme kaum mehr als ein Flüstern.

„Kann ich zu dir kommen?"

Er fragte nicht warum. Er fragte nicht nach Erklärungen.

Er sagte nur:

„Ja."

Und das war alles, was Lulu in diesem Moment brauchte.

Ein neues Zuhause, ein neuer Anfang

Lulu war dankbar für die Hilfe ihres Bruders. Dankbar für ein Dach über dem Kopf, für ein Bett, für eine Tür, die sie schließen konnte.

Doch sie wusste, dass sie nicht für immer bleiben konnte.

Sie musste sich etwas Eigenes aufbauen.

Ein Zuhause.

Eine Familie.

Auch wenn sie es allein tun musste.

Es dauerte nicht lange, bis sie eine kleine Wohnung fand. Sie war bescheiden, einfach, aber sie war ihr Zuhause. Das erste Zuhause, das sie sich selbst geschaffen hatte.

Jeden Tag nahm sie sich fest vor, ihr Leben in die Hand zu nehmen. Sie hatte sich immer eine Familie gewünscht – und nun war es an ihr, eine zu erschaffen.

Ihr Kind war ihr neuer Mittelpunkt.

Doch so sehr sie sich auch darauf freute, so sehr lastete auch die Angst auf ihr.

Sie war allein.

War das nicht ein Versagen?

Hatte ihr Kind nicht auch einen Vater verdient?

War es nicht ihre Schuld, dass es ohne ihn aufwachsen würde?

Diese Gedanken nagten an ihr, ließen sie in den langen Nächten wachliegen.

Aber dann legte sie ihre Hände auf ihren Bauch und spürte das kleine Leben unter ihren Fingern.

„Ich bin hier," flüsterte sie. „Und das reicht.“

Lulu begann, sich mit jeder Faser ihres Seins auf die Geburt vorzubereiten. Sie lernte, las Bücher, plante, stellte sich vor, wie es sein würde. Sie wollte eine Mutter sein, die ihr Kind liebte, die da war, die Wärme schenkte.

Eine Mutter, die sie selbst gebraucht hätte.

Und dann kam der Tag.

Der Tag, an dem alles sich veränderte.

Der Tag, an dem Lulu ihr Kind in den Armen hielt.

Das größte Wunder.

Die Welt hielt den Atem an.

Es war still.

Und dann war da dieser erste Schrei – das schönste Geräusch, das Lulu je gehört hatte.

Sie sah hinunter in das Gesicht ihres Kindes, das zarte, winzige Gesicht, das sie noch nicht kannte, aber sofort liebte.

Ihre Finger strichen über die weiche Haut.

„Ich bin hier," flüsterte sie erneut. „Und ich werde immer hier sein."

Sie hatte ihr ganzes Leben nach Liebe gesucht.

Und jetzt lag sie in ihren Armen.

Zum ersten Mal in ihrem Leben verstand Lulu, dass dies der Beginn ihrer wahren Familie war.

Nicht mit einem Mann an ihrer Seite.

Nicht mit der Mutter, die sie nie verstanden hatte.

Sondern mit sich selbst.

Sie hatte das größte Geschenk erhalten – nicht nur ein Kind, sondern auch die Erkenntnis, dass sie stärker war, als sie je geglaubt hatte.

Ja, sie hatte Angst.

Ja, es würde schwer werden.

Aber sie wusste eines ganz sicher:

Sie war nicht mehr das kleine Mädchen, das auf der Kellertreppe saß und darauf wartete, dass jemand kam, um sie zu retten.

Sie war Lulu.

Und sie würde dieses Kind beschützen.

Sie würde ihm alles geben, was sie selbst nie hatte.

Liebe. Geborgenheit. Heimat.

Und vielleicht, ganz vielleicht, würde sie auf diesem Weg auch lernen, sich selbst zu lieben.

Ein neues Kapitel beginnt:

Lulu musste erkennen, dass manche Türen sich schließen – damit sie sich selbst eine neue öffnen kann.

Vielleicht hast du auch etwas verloren, nur um später zu erkennen, dass du dabei etwas Größeres gewonnen hast.

Lass uns gemeinsam herausfinden, welche neuen Wege für dich offenstehen.

Dein Weg zur Heilung

Die Schatten der Vergangenheit in der Liebe erkennen

Liebe ist eine der schönsten Erfahrungen, die wir machen können – aber sie ist auch eine der komplexesten. Für Lulu war es lange Zeit schwierig, Liebe zu verstehen, sie anzunehmen und vor allem, sie zu geben. Ihre Kindheit hatte Narben hinterlassen, unsichtbare Muster, die sie in ihren Beziehungen immer wieder einholten.

Die Wunden der Vergangenheit begleiteten Lulu, ohne dass sie es zunächst bemerkte. Die Zurückweisung, die sie als Kind erlebte, prägte ihre Vorstellung von Liebe tief. Sie suchte nach Sicherheit und Zugehörigkeit, doch oft zog sie Menschen in ihr Leben, die ihre Unsicherheiten verstärkten. Die alten Muster spielten sich wie ein vertrauter Film ab, der immer wieder dasselbe Ende hatte.

Lulu erkannte erst später, dass sie nicht einfach auf der Suche nach Liebe war – sie suchte Heilung. Doch diese Heilung konnte sie nicht in anderen Menschen finden. Sie musste in sich selbst beginnen.

Warum wir alte Muster wiederholen

Vielleicht hast auch du schon einmal erlebt, dass sich in deinen Beziehungen immer wieder ähnliche Probleme zeigen. Du fragst dich, warum du immer auf Menschen triffst, die dir nicht guttun, oder warum du dich in Beziehungen unsicher fühlst. Oft sind es die unbewussten Prägungen aus unserer Kindheit, die uns in unserer Partnerwahl leiten.

Unsere ersten Erfahrungen mit Liebe – ob in Form von Geborgenheit oder Ablehnung – formen unsere Erwartungen an Beziehungen. Wir suchen Vertrautheit, selbst wenn diese Vertrautheit mit Schmerz verbunden ist. Und so wiederholen wir unbewusst die Muster, die wir kennen, in der Hoffnung, diesmal ein anderes Ende zu erleben.

Die Erkenntnis: Es beginnt in dir

Lulu lernte, dass wahre Liebe nicht im Außen beginnt. Sie beginnt in uns selbst. Erst als sie begann, sich mit ihren eigenen Wunden auseinanderzusetzen, konnte sie erkennen, wie sehr diese ihre Beziehungen beeinflusst hatten.

Sie stellte sich Fragen wie:

- Warum fühle ich mich in manchen Beziehungen so unsicher?

- Welche Erwartungen habe ich an meinen Partner? Und sind diese realistisch?

- Suche ich Bestätigung im Außen, die ich mir selbst nicht geben kann?

Die Antworten waren nicht immer leicht. Doch sie halfen ihr, zu verstehen, dass sie nicht auf einen Partner warten musste, der ihre Wunden heilte. Sie musste selbst Verantwortung für ihre Heilung übernehmen.

Wie du dein Muster erkennen kannst

Vielleicht spürst du beim Lesen, dass auch in deinem Leben Muster existieren, die dich in deinen Beziehungen begleiten. Hier sind einige Schritte, die dir helfen können, diese Muster zu erkennen:

1. **Reflektiere deine bisherigen Beziehungen.** Gibt es wiederkehrende Themen oder Herausforderungen? Gibt es Verhaltensweisen bei dir oder deinem Partner, die sich wiederholen?

2. **Schau auf deine Kindheit.** Welche Beziehungsmuster hast du dort gelernt? Gab es Sicherheit und Geborgenheit – oder gab es Zurückweisung und Unsicherheit?

3. **Sei ehrlich zu dir selbst.** Welche Ängste oder Wünsche bringst du in deine Partnerschaften mit? Suchst du nach Bestätigung, die dir vielleicht in deiner Kindheit gefehlt hat?

Der Weg zur erfüllten Partnerschaft

Der Schlüssel zu einer erfüllten Beziehung liegt nicht darin, den „perfekten" Partner zu finden, sondern darin, selbst der Partner zu werden, den du dir wünschst.

Lulu erkannte, dass sie sich selbst lieben musste, bevor sie Liebe von anderen annehmen konnte.

Sie lernte, dass gesunde Beziehungen auf gegenseitigem Respekt, Vertrauen und Selbstliebe basieren.

Hier sind einige Schritte, die dir helfen können, deinen Weg zu einer erfüllten Partnerschaft zu finden:

1. **Selbstliebe kultivieren.** Nimm dir Zeit, dich selbst kennenzulernen und anzunehmen – mit all deinen Stärken und Schwächen.

2. **Grenzen setzen.** Lerne, „Nein" zu sagen, wenn etwas nicht mit deinen Werten oder deinem Wohlbefinden übereinstimmt.

3. **Kommunikation üben.** Teile deine Bedürfnisse und Gefühle offen mit deinem Partner, ohne Angst vor Zurückweisung.

4. **Geduldig sein.** Heilung und Wachstum brauchen Zeit. Sei sanft mit dir selbst, während du lernst, alte Muster zu durchbrechen.

Eine Botschaft der Hoffnung

Lulu hat auf ihrem Weg gelernt, dass es nie zu spät ist, die Vergangenheit hinter sich zu lassen und sich für ein neues Kapitel zu öffnen. Heute lebt sie Beziehungen, die von Respekt, Ehrlichkeit und gegenseitiger Unterstützung geprägt sind – nicht, weil sie den perfekten Partner gefunden hat, sondern weil sie gelernt hat, sich selbst zu lieben.

Liebe ist ein Geschenk.

Doch dieses Geschenk beginnt in dir.

Je mehr du lernst, dich selbst zu lieben und deine Wunden zu heilen, desto mehr wirst du auch in der Lage sein, die Liebe anderer anzunehmen – auf eine Weise, die frei, ehrlich und erfüllend ist.

Wenn die Vergangenheit uns lenkt:

Wie beeinflussen die Schatten deiner Vergangenheit deine heutigen Beziehungen?

Was kannst du tun, um diese Schatten loszulassen und Platz für Liebe zu schaffen?

Der Weg nach Hause: Innere Heilung beginnen

Manchmal liegt der Schlüssel zur Heilung nicht darin, vor der Vergangenheit zu fliehen, sondern ihr direkt ins Gesicht zu sehen.

Lulu wusste, dass sie die Schatten ihrer Kindheit nie wirklich hinter sich lassen konnte, wenn sie nicht zu dem Ort zurückkehrte, an dem ihr Herz das erste Mal zerbrach. Sie spürte, dass sie sich der kleinen Lulu stellen musste – dem Mädchen, das all die Fragen in sich trug, die nie beantwortet worden waren.

Eines Abends, als die Welt um sie still wurde, schloss sie die Augen. Tief einatmend stellte sie sich vor, wie sie zurückging – zurück zu jenem kalten Nikolaustag, zurück zu der kleinen Lulu, die mit leeren Händen allein in der eisigen Luft gestanden hatte.

Sie sah sie.

Ein kleines, blondes Mädchen mit viel zu großen Mantelärmeln, dünnen Zöpfen und großen, schimmernden Augen. Doch dieser Schimmer war kein Glanz von Freude – es war der stille Ausdruck von Schmerz, Verwirrung und Einsamkeit. Lulu stand reglos da, die kleinen Hände tief in die Manteltaschen vergraben, als könnte sie dort die Wärme finden, die ihr die Welt draußen verweigerte.

Die große Lulu beobachtete sie, spürte die zerbrechliche Stille zwischen ihnen. Ihr Herz zog sich schmerzhaft zusammen. Wie konnte ein so kleines Kind so viel Last tragen?

Sie wollte sofort zu ihr rennen, sie in die Arme schließen, sie beschützen vor all dem, was ihr jemals wehgetan hatte. Doch sie wusste, dass es Zeit brauchte. Also ging sie langsam auf sie zu, als würde jede plötzliche Bewegung das fragile Bild vor ihr zum Zerbrechen bringen.

Als sie schließlich vor ihr stand, kniete sie sich hin, um ihr auf Augenhöhe zu begegnen.

„Lulu," begann sie leise, ihre Stimme sanft und voller Wärme. „Ich bin hier. Ich bin du. Nur älter."

Die kleine Lulu rührte sich nicht. Ihre Schultern sanken noch tiefer, ihr Kinn zitterte.

„Ich bin gekommen, um mich zu entschuldigen," fuhr die große Lulu fort. „Dafür, dass ich dich so lange weggeschoben habe. Dass ich versucht habe, dich zu vergessen, weil dein Schmerz zu groß war. Aber jetzt bin ich hier. Ich sehe dich. Ich höre dich. Und ich werde nicht mehr weggehen."

Langsam hob die kleine Lulu ihren Kopf. Tränen quollen über den Rand ihrer großen Augen, und ihre Lippen bebten. Ihre Stimme war kaum mehr als ein Flüstern:

„Warum? Warum hat mich niemand gewollt? Warum? War ich so böse, dass sie mich weggeschickt haben?"

Die große Lulu spürte, wie ihr eigenes Herz brach. Sie nahm die kleinen, eiskalten Hände in ihre eigenen und hielt sie fest.

„Oh, Lulu," hauchte sie. „Du hast nichts Böses getan. Gar nichts. Es war nie deine Schuld. Nicht, dass sie dich weggeschickt haben. Nicht, dass sie so kalt zu dir waren. Nicht, dass Papa nicht um dich gekämpft hat. Du bist ein Kind – ein wunderbares, liebenswertes Kind. Du bist nicht für die Entscheidungen der Erwachsenen verantwortlich."

Ein ersticktes Schluchzen entkam der kleinen Lulu, als sie endlich all den Schmerz losließ, den sie so lange getragen hatte.

„Aber warum?" fragte sie unter Tränen. „Warum hat Papa mich nicht gesehen? Warum will mich niemand? Warum bin ich so allein?"

Die große Lulu zog sie sanft in ihre Arme, wiegte sie leicht hin und her.

„Lulu, deine Eltern haben nach ihrem besten Wissen gehandelt. Sie konnten nicht mehr geben, als sie selbst gelernt hatten. Sie haben dich nicht fortgeschickt, weil du nicht gut genug warst – sondern weil sie nicht wussten, wie sie dich halten sollten. Vielleicht konnten sie nicht sehen, wie sehr du gebraucht hast, dass sie für dich da sind. Aber das lag nicht an dir. Es lag nie an dir. Und die Menschen, die dich weggeschickt haben, haben nicht erkannt, wie besonders du bist. Aber ich sehe dich. Ich sehe dich jetzt. Und ich verspreche dir: Du bist nicht allein. Ich werde immer für dich da sein."

Die kleine Lulu presste ihr Gesicht gegen die Schulter der großen Lulu und weinte – nicht nur mit Tränen, sondern mit ihrer ganzen Seele. Es war, als würde ein Staudamm brechen, als würde der gesamte Schmerz, den sie über Jahre in sich getragen hatte, endlich hinausströmen.

Die große Lulu hielt sie, ließ sie weinen, ließ alles hinausfließen, was viel zu lange in ihr gefangen war.

Dann, ganz langsam, löste sie die Umarmung und nahm die kleinen Hände in ihre eigenen. Sie sah ihr tief in die Augen – und diesmal war dort nicht nur Schmerz. Dort war auch Hoffnung.

„Lass uns zusammen nach Hause gehen," sagte sie sanft. „Dorthin, wo du sicher bist. Dorthin, wo du geliebt wirst."

Die kleine Lulu nickte, zögernd, unsicher, doch ein kleines Lächeln huschte über ihr Gesicht. Sie streckte ihre Hand aus – und die große Lulu hielt sie fest, als wären sie eins.

Gemeinsam verließen sie den kalten Ort der Vergangenheit, der so viel Leid gebracht hatte, und gingen in eine Welt voller Wärme und Licht.

In diesem Moment wusste Lulu: Es war nicht nur die kleine Lulu, die Frieden gefunden hatte. Auch die große Lulu konnte endlich loslassen.

Sie hatte sich selbst vergeben.

Die Vergangenheit hatte keine Macht mehr über sie.

Die kleine Lulu war endlich in den Armen angekommen, die sie all die Jahre gesucht hatte.

Und in diesem Moment wusste Lulu:

Sie war endlich zu Hause.

Nicht an einem Ort, sondern bei sich selbst

Der Weg nach Hause: Innere Heilung beginnen

Lulu musste zu der kleinen Lulu zurückkehren, um sie endlich zu heilen.

Vielleicht trägt auch dein inneres Kind noch Fragen, die nie beantwortet wurden.

Setze dich einen Moment hin, schließe die Augen und stell dir vor, du begegnest deinem jüngeren Ich.

Was würdest du ihm sagen?

Ein Neubeginn

Lulus Rückkehr zu sich selbst war der erste Schritt. Doch jede Reise hat Etappen – und ihre war noch nicht zu Ende.

Zwei bedeutende Stationen lagen noch vor ihr. Orte, an denen alte Fragen auf Antworten trafen, an denen sich Wunden in neue Wege verwandelten. Orte, an denen sie die tiefsten Verbindungen ihres Lebens noch einmal berühren musste – um sie zu verstehen, um Frieden zu finden.

Vielleicht stehst du auch an einem solchen Punkt. Vielleicht hast du längst erkannt, dass Heilung nicht nur im Loslassen liegt, sondern auch im Hinsehen. Dass manche Türen sich erst dann wirklich schließen, wenn wir hindurchgegangen sind.

Diese Seiten gehören dir: Notizen: Deine eigene Reise

Platz für deine Gedanken, Erkenntnisse und Pläne.

Schreib, was in dir klingt.

Schreib, was bleiben soll.

Schreib, was du hinter dir lassen willst.

Denn jede Heilung beginnt mit einem Wort.

Und manchmal reicht ein einziger Satz, um eine ganze Welt zu verändern.

Seite für Notizen: **Deine eigene Reise**

Platz für deine Gedanken, Erkenntnisse und Pläne

Ein kleines Geheimnis über Lulu

Lulu – ein Name, der so zart klingt und doch eine tiefe Bedeutung trägt. Lulu ist die Abkürzung von Luluthia, was im Griechischen „Blume" bedeutet.

Dieser Name ist kein Zufall, denn er spiegelt den Weg wider, den Lulu gegangen ist: von einem zarten Samen, der in harter Erde kämpfen musste, bis hin zu einer Blume, die gelernt hat, im Licht zu blühen.

Und wusstest du, dass der Name Susanne ebenfalls eine Blume symbolisiert? Susanne bedeutet „die Lilie".

So schließt sich der Kreis, denn wie eine Lilie steht Lulu für Stärke, Anmut und die Fähigkeit, auch in widrigem Boden zu erblühen.

Lulus Geschichte zeigt uns, dass in jedem von uns eine Blume steckt, die nur darauf wartet, in voller Schönheit zu erstrahlen – wenn wir ihr die Chance dazu geben.

Danksagung

Kein Weg entsteht allein – er entsteht durch die Menschen, die uns beglei-ten, inspirieren und in dunklen Momenten das Licht zeigen.

Für die, die mir Wurzeln und Werte schenkten.

Für die, die mich ermutigten, meinen eigenen Weg zu gehen.

Für die, die an meiner Seite standen, selbst in den Stürmen.

Für die, die mich sanft geschubst haben, als ich gezögert habe.

Für die, die zuhören, ohne zu bewerten – ein seltenes Geschenk.

Für die, die Türen öffneten und Wege wiesen.

Für die, die mich an Wachstum und Geduld erinnerten.

Für die, die mir halfen, Klarheit zu finden, wenn der Nebel zu dicht wurde.

Für die, die mich lehrten, meine Schatten zu umarmen.

Für die, die Frieden in mein Leben brachten.

Und für all die Menschen, die mich inspiriert, motiviert und begleitet haben – eure Spuren bleiben.

Danke.

An die Leserinnen und Leser:

Danke, dass ihr Lulu auf ihrer Reise begleitet.

Möge ihre Geschichte auch in euch etwas berühren, etwas bewegen, etwas heilen.

Und nicht zuletzt an den Teil **in mir**, der niemals aufgegeben hat – der kleine Funke, der auch in den dunkelsten Stunden leuchtete.

Danke, dass du geblieben bist.

Möge dieses Buch dir Mut machen, die Freiheit in dir zu finden.

Denn sie ist schon da – war es immer.

Alles Liebe,

Susanne

Über die Autorin

Susanne Ahlers-Wübbeler

Coach, Autorin und Unternehmerin – mit Herz, Tiefgang und einer unerschütterlichen Leidenschaft für persönliche Entwicklung.

Geboren am Ostermontag 1969 in einer Kleinstadt in Niedersachsen, hat Susanne das Leben in all seinen Facetten erfahren – mit allen Herausforderungen, Brüchen und Neuanfängen. Sie ist Mutter von vier Erdenkindern und einem Sternenkind. Diese tiefgehenden Erfahrungen prägen ihre Sicht auf das Leben, auf Wachstum und auf die Kraft der Heilung.

Mit der Gründung von *Safe At Work Training & Consulting* setzte sie einen wichtigen Meilenstein in ihrer beruflichen Laufbahn und begleitet seitdem Unternehmen und Menschen im Bereich Sicherheit, Qualität und persönliche Entwicklung. Doch ihre wahre Mission fand sie in der Erfüllungswelle – einer Einladung zur Selbstfindung, Heilung und inneren Freiheit.

Susanne weiß, was es bedeutet, sich selbst zu verlieren und Schritt für Schritt wiederzufinden. Sie kennt die Sehnsucht nach Liebe und Zugehörigkeit, die Angst vor Veränderung und die Kraft, die entsteht, wenn man sich seinen tiefsten Themen stellt. Ihre Arbeit verbindet tiefgehende Reflexion mit praktischen Impulsen, die Mut machen, alte Muster zu durchbrechen und ein Leben in Eigenverantwortung zu führen.

Mit der *Erfüllungswelle* zeigt sie:
- ✨ Freiheit beginnt in dir.
- ✨ Heilung ist möglich.
- ✨ Du bist genug – genau so, wie du bist.

Mehr über ihre Arbeit findest du unter:
www.susanneahlers.de
Instagram: @susanne_ahlers_

Platz für einen letzten Ausblick

Lulus Reise ist hier nicht zu Ende. Dieses Buch war nur der Anfang.

Vor ihr liegen zwei bedeutende Stationen – Orte, an denen Schmerz und Heilung, Verlust und Liebe aufeinandertreffen.

Orte, an denen sich Vergangenheit und Gegenwart verbinden, wo sie erkennt, dass Vergebung mehr ist als ein Wort – sie ist der Schlüssel zu innerem Frieden.

Die Wellen des Lebens tragen sie weiter. Die nächste führt sie zur wohl prägendsten Beziehung ihres Lebens – zu ihrer Mutter.

Die Erfüllungswelle – Eine Trilogie über Heilung, Selbstfindung und Freiheit

Diese Buchreihe erzählt die bewegende Reise von Lulu – ein Weg durch Schmerz, Sehnsucht und schließlich die Befreiung aus alten Mustern. Es ist die Geschichte einer Frau, die sich selbst verlor, wiederfand und lernte, ihre eigene Erfüllung zu erschaffen.

Band 1: Die Erfüllungswelle – Freiheit beginnt in dir

Lulus Kindheit war geprägt von Verlust, Unsicherheit und dem ständigen Wunsch nach Liebe und Geborgenheit. Früh musste sie lernen, stark zu sein – für sich selbst und für andere. Doch hinter dieser Stärke verbarg sich ein tiefes Gefühl der Einsamkeit.

Von den ersten traumatischen Erfahrungen über die schmerzhaften Enttäuschungen bis hin zu den Momenten, in denen sie sich selbst rettete – dieses Buch ist der Beginn einer Reise. Es zeigt, wie Lulu Schritt für Schritt aus der Dunkelheit ins Licht trat und sich selbst das schenkte, was sie so lange im Außen gesucht hatte. Freiheit beginnt nicht in der Welt um uns herum – sie beginnt in uns selbst.

Band 2: Die Erfüllungswelle – Die Liebe, die ich suchte

In diesem Band taucht Lulu tiefer in die Beziehung zu ihrer Mutter ein – eine Verbindung voller Widersprüche, Erwartungen und unausgesprochener Sehnsüchte. Sie war die Tochter einer Frau, die selbst ein verletztes Kind geblieben war, gefangen in ihren eigenen Mustern und Traumata.

Lulu suchte ihr Leben lang nach der Liebe ihrer Mutter, nach Anerkennung und Nähe. Doch stattdessen fand sie Strenge, Distanz und Schweigen. Diese unbewusste Prägung beeinflusste sie später als Mutter, in ihrer eigenen Beziehung zu ihrer Tochter. Wie durchbricht man ein Generationentrauma? Wie heilt man eine Wunde, die nicht von einem selbst stammt? In diesem Buch stellt sich Lulu diesen Fragen – und findet eine Antwort, die tiefer geht, als sie es sich je hätte vorstellen können. Die Liebe, nach der wir suchen, tragen wir bereits in uns.

Band 3: Die Erfüllungswelle – Auf der Suche nach meinem Vater

Lulus Beziehung zu ihrem Vater war von Abwesenheit, Sehnsucht und unerfüllten Erwartungen geprägt. Als Kind wollte sie nichts mehr, als von ihm gesehen zu werden – doch er war nicht da. Diese unsichtbare Leere begleitete sie unbewusst in ihr Erwachsenenleben, in ihre Beziehungen zu Männern, in ihr Selbstbild.

Jahrelang suchte sie nach einer männlichen Figur, die das Loch in ihrem Herzen füllen konnte – bis sie erkannte, dass niemand im Außen sie retten konnte. Dieses Buch erzählt von der befreienden Erkenntnis, dass sie längst alles in sich trug, was sie brauchte. Wenn wir aufhören, im Außen nach unserem fehlenden Teil zu suchen, erkennen wir, dass wir bereits ganz sind.

Eine Einladung zur Selbstreflexion

Die „Erfüllungswelle"-Trilogie ist nicht nur Lulus Geschichte – sie ist eine Einladung an alle, die sich auf die Reise zu sich selbst begeben möchten.

Jedes Buch führt tiefer in die Vergangenheit, die Prägungen und Muster, die unser heutiges Leben beeinflussen.

Doch es bleibt nicht bei der Analyse – es geht um Heilung, Transformation und den Mut, ein neues Kapitel zu schreiben.

Denn am Ende geht es nicht darum, was uns passiert ist.

Es geht darum, was wir daraus machen.

Die Erfüllungswelle trägt uns weiter. Wohin sie uns führt, liegt in unserer Hand.

Bist du bereit?